福西志計子と順正女学校

山田方谷・留岡幸助・伊吹岩五郎との交友

Kurata Wasio
倉田和四生

吉備人出版

発刊に寄せて

倉田先生の『留岡幸助と備中高梁』というご著書に続いての、この度の『福西志計子と順正女学校』を拝読して、先生ご本人と順正との不思議なご縁を思ったのでございます。

現在の順正短期大学が建っております場所は、福西志計子がそのボランティア精神から教育を通じた女性の自立と社会開発への参加を促そうと渾身の力をこめて、明治の初期に設立した順正女学校があった場所です。

山田方谷に学んだ「知行合一」の精神、つまり心を鏡の如く磨き、その磨ききった心をより所として行動しなさいということであり、また知っていながら行わないということは、まだ知らないということに等しいという教えが、福西志計子の精神的支柱であったとこのご本を通じて、改めて認識いたしました。

孤児救済活動のために人力をつくした石井十次の妻であった品子、留岡幸助の妻の夏子後妻のきく子が順正に学んだこと、そして福西志計子がその一生をかけた順正女学校が、高梁教会を架け橋とし明治期の慈善事業の先駆者たちと深い関係があったということを教えてくれます。
倉田先生のこの著書は、私ども順正という名を受け継いだ者たちが、この名を辱めることなく粛々と教育の灯火を絶やさないよう、励んでいくようにとの偉大な先達からのメッセージだと思っております。

平成十八年十月吉日

高梁学園　理事長・総長　加計美也子

『福西志計子と順正女学校』の刊行に寄せて

備中高梁は、古より備中松山城とともに発展し、幕藩時代からは政治、経済、文化の中心地として栄え、多数の偉人を輩出しており、私たちの大きな誇りであります。

このたび、女子教育の創始者である福西志計子について稿を起こされますが、同女史に関するまとまった著書がなく、本当にありがたいことで大きな期待を寄せております。

今日、高梁市が学園文化都市として吉備国際大学を基盤に発展しておりますのは明治十四年に裁縫所を、明治十八年には中四国で初めて順正女学校を創立されました長い歴史と、幾多の困難を乗り越え創立に尽力した福西志計子をはじめ本村静、高梁キリスト教会とその関係者のたゆまぬ努力のたまものであります。

昭和二十四年、旧高梁中学校の流れを汲む第一高校（内山下校舎）と旧順正女学校の流れを汲む第二高校（伊賀町校舎）を統合、岡山県立高梁高等学校が誕生しました。その後、校舎の統合が課題となり、いろんな経過を経て、昭和三十五年、学校、ＰＴＡ、同窓会の三者が一体となり、校舎統合促進審議会を設け、県に陳情をはじめました。

一方、高梁市は、由緒ある順正女学校の歴史と伝統を引き継いでいる伊賀町校舎を教育の殿堂として利用することとし、昭和四十一年、短期大学の誘致を決めました。当時の鈴木雄祥市長が熱心に加計学園の加計勉理事長にお願いするとともに、岡山県に校舎払い下げの陣情を続けた結果、短期大学の誘致も加計勉理事長の深いご理解と多額の私財を投入され由緒ある「順正」の校名を残してほしいという同窓生らを中心とした希望を受け入れられた順正短期大学と順正看護専門学院（順正看護高等専門学校）が昭和四十二年開学し、長年の市民の願望が叶いました。当時、女子短期大学が次第に開学されておりましたが、加計勉理事長の「女子」を省かれ、男女共学の道をとられた先見性には敬服いたしました。

明治初期に「女性に自由な教育を」という強い理念のもと、順正女学校を設立した福西志計子の存在は、高梁の教育文化に大きな影響を与え、その精神は脈々と伝わり、順正短期大学、吉備国際大学と飛躍的に発展を続けるとともに、学園文化都市として高梁地域のまちづくりに大きく寄与していることは、誠に喜ばしいことであります。

平成十八年十月

元市長　樋口　修

はしがき

備中高梁には幕末の弘化4年（1847）に生まれ、明治8年から活動を始めて31年に死去するまで周囲の偏見と激しい迫害にさらされながら、これにいささかもひるむことなく、女子の自立を説き順正女学校を創設して女子教育に生涯をささげた「福西志計子」という偉大な女性がいた。

筆者は留岡幸助を研究していくなかで福西志計子を知り、彼女に魅せられて資料の収集に当たってきた。それをまとめたのが本書である。

彼女はまさに大変動の時代が生み出した一代の女傑であった。日本の伝統と西欧文化が激突する大変動の舞台となり、女子教育の先覚者を生んだ備中高梁の社会的状況には五つの留意すべき構成要素があった。

その一つは、備中松山に江戸中期から次第に蓄積されてきた教育文化の伝統（東洋思想）が存在し、福西女史もその系譜に連なっていたことにある。女子は寺子屋までとされていた時代に、山田方谷はなぜ福西志計子の入門を許したのか。これこそ奇跡に近い宿縁であったのだ。これによって方谷の理念は順正女学校に伝えられ、伊吹岩五郎校長の著書『山田方谷』によって転生したといえよう。

その二、備中松山藩主板倉勝静は幕末になると老中主座に就任し、15代将軍徳川慶喜を支えて活躍した。しかし戊辰戦争以降は会津藩とともに朝敵とされ、勝静公は徳川に殉じ日光・会津・箱館の戦野に流転して禁固刑に服しただけでなく、備中松山城下は1年8カ月にわたって追討軍によって占領されたため、明治初年には士族も庶民も著しい屈辱と悲惨な困窮を経験している。このことが高梁の人々に自由民権運動とキリスト教に親近感を抱かせる結果をもたらした。

その三は、福西志計子は自らの悲運（父の死）に立ち向かうという原体験をもとに、山田方谷に入門しそこで培った儒学的教養に拠って、明治5、6年頃には「女子の自立による地位向上」とそのための「女子教育」の実践を目指す啓蒙思想を保持していたことである。それ故に、明治8年岡山に裁縫教員養成所が開設されるや直ちにこれに入学している。福西女史の思想は決して付け焼き刃ではなく、自らの悲運との対決を通して形成された内発的、独創的な思想であった。

その四は、明治維新後の文明開化政策に従って近代化がすすみ、高梁にも西洋文明の中核をなすキリスト教が金森通倫、新島襄によって伝道されたが、福西女史はこれに進んで会場を提供したものと推察される。この講演は聴衆に深い感銘を与えやがて信者が増加し、15年には「高梁基督教会」が設立された。福西女史は基督教婦人会を組織してリーダーとなり、活発に活動した。女史は教会の影の実力者であった。

その五は、高梁の町の強い反キリスト教的雰囲気の存在である。高梁には各宗派の寺院が多く、仏教の盛んな土地柄であった。さらにこれに加えて藩主板倉家の祖板倉勝重とその子板倉重宗が二代にわたって京都所司代を務めたが、重宗の弟板倉重昌は寛永14年11月キリシタンによる島原天草の乱が起こるや、幕府によって争乱の追討使に任命されたため、反乱軍と勇敢に戦って戦死した。このような事情で、備中松山領内では反キリスト教的雰囲気が強かった。

こうした状況のなかで、明治12年頃から高梁でも自由民権運動が高まり、同時にキリスト教の伝道が始まった。そのため高梁の町において、東洋思想と西洋文明の中核が激突して大混乱が現出した。そのような中で、福西女史は儒学的素養を基にキリスト教の普遍的価値を選択してキリスト教徒となり、その高き理想に力づけられながら「女子の自立」と「女子教育」の実践のために生涯を捧げたのである。

本書は、福西志計子が重き十字架を背負いながら歩んだ苦闘の生涯と順正女学校の発展を跡づけるものであるが、それを述べていく中で、これまであまり明確にされてこなかった重要な論点について筆者の見解を示唆している。

その一つは、山田方谷と順正女学校の関係である。これまで山田方谷と福西志計子や留岡幸助の関係が問題とされなかった理由は、方谷の思想が儒学、すなわち東洋の思想であるのに対して、福西女史と留岡幸助は西洋文明の中核をなすキリスト教の信徒となり、全く異質の価値を信奉したからであろう。しかし昨年（平成17年）復刻出版された伊吹岩五郎の『山田方谷』によると、山田方谷は『漢訳聖書』を読んでキリスト教の教理を深く理解し、そのうえで日本の監獄吏のあり方も改善してキリスト教の愛をもって職務に当たるようにすべきだとの考えを持っていたようである。ほぼ同じことを当時高梁小学校の教員で、後に牧師となり四国松山に東雲女学校を創った二宮邦次郎先生の母が新島襄に述べたと書き残されている。山田方谷は意外にもキリスト教の愛の精神に深い理解を持ち、キリスト教に寛容であったと思われる。

幕末から明治初期にキリスト教徒となった人達には、佐幕藩の出身が多かった。また彼らがキリスト教に入信しやすかったのは、日本の武士道の精神とピューリタンの精神との間に親近感があったからだと言われている。そしてそれは、横浜バンドの植村正久のように「武士道に継木されたキリスト教」と表現されているが、山田方谷門下で学んだ福西志計子の場合には「方谷精神に継木されたキリスト教」であったと見なすことができると筆者は考えている。徳富蘇峰によると、留岡幸助の場合にも極めて日本的なキリスト教であり、「十字架をかけた二宮尊徳」と称されたことはよく知られている。

山田方谷の根本理念が「至誠惻怛」(誠をもって人に接し他者に慈しみを施すこと)であるとすれば、福西と留岡の生き方はまさしくこれに徹したものであった。

福西女史に方谷のことを聞かされて関心を持った後継者の伊吹岩五郎は35年間の順正女学校長在職中から方谷の研究を続け、退職後の昭和5年に順正女学校から『山田方谷』を出版した。

このように見ると、順正女学校には山田方谷の精神がキャンパスの雰囲気として脈々と流れていたものと考えられる。

第二は、福西女史の思想形成の時期である。筆者はこの研究を始めた頃、福西女史の女子教育への理念は明治12年以降、金森通倫、新島襄等のキリスト教徒の演説によって教えられたものと考えていたが、最近気がついた資料によると、明治5、6年頃にはすでに女子の自立、地位向上、女子教育を求める内発的、独創的な思想を保持していたことが明らかになった。確かに福西女史は明治8年岡山に裁縫教員養成所が開設されるや、木村静さんを誘って入学し、9年には卒業して二人は高梁に帰ったが、タイミングよく高梁小学校に設けられた女紅場の教師となることができた。したがって明治12、13年には、二人はすでに女子教育を実践していたのである。新島襄の熱意あふれる講演は女子の自立のための教育という福西が前から保持していた信念を強く激励し、確固不動のものとしたのである。

第三は、キリスト教の講演会場の提供者の問題である。明治12年10月高梁で開かれた「風俗改良懇談会」（実はキリスト教の説教）と翌年2月の新島襄の講演会はいずれも高梁小学校付属裁縫所で開催されている。すなわちそこは福西志計子と木村静の職場であった。このことはこれまで誰からも注目されてきていないが、福西女史の行為を考察する上で極めて重要な意味を持つものであると考えている。

講演会の会場はほかにもありそうに思われるのに、何故小学校付属裁縫所でなされたのか。これについて筆者は次のように考えている。その理由はキリシタン禁制が廃止されてまだ6年か7年しか経っておらず、地方ではキリスト教忌避の雰囲気が色濃く残っていたこの時期に、普通の人は後難を恐れ、会場を貸す人がなかったところ、恐れを知らない福西女史が会場を進んで提供したものと推察している。

福西女史の兄弟子に当たる吉田寛治高梁小学校長（後に福西女史に頼まれ、校名「順正」を考案した）の理解と、この時期すでにキリスト教徒となり牧師を目指していた二宮邦次郎高梁小学校教員の支援があったであろうが、会場提供は福西志計子の決断によるものと推察している。

第四に、福西女史とキリスト教会との関係である。新島の講演に感動した福西志計子と木村静はキリスト教徒となり、「基督教婦人会」を結成して活動を開始した。15年4月には高梁基督教会が設立され15名が洗礼を受けたが、その内訳は男性8名に対して女性7名であった。最初の講演会場が「女の園」で、聴衆も大部分は女性であったためか、福西志計子をリーダーとする女性達は最初から男性達と拮抗する勢力を持っていたのである。

次に、15年に設立されたあときわめて順調に発展した高梁教会は、25年頃から「新宗教」の影響もあって沈滞し、26年末には牧師が辞任しても後任が得られず27年1月から無牧となった。そこで、教会は四国松山教会の二宮邦次郎牧師に2カ月に1回の定期的牧会応援によってようやく維持されていた。ところがこの危機を救ったのも、ほかならぬ福西女史であった。福西女史は同年7月、1週間の予定で高梁教会に応援説教に来た、石井十次の配下にあった花田岩五郎牧師の人柄を見込んで高梁町の伊吹家の入婿になるべく仲介し、さらに高梁教会の牧師に就任させるとともに順正女学校の講師に任用した。このように福西女子は教会の牧師をも自分で探して就任させたのである。福西女史は単なるメンバーにとどまらず、教会の影の実力者であったのだ。

順正女学校を創立したことに加え、これら四点を考え合わせる時、福西女史がいかに偉大な日本的キリスト者であり、女子教育の先覚者であったかという筆者の見解を理解していただけるであろう。

本書には、これらの論点に加えて、福西女史が築いた美しい交友関係と感動的な女史の終焉について述べている。

一つは福西志計子と日本社会事業の先覚者達との深い交友関係である。福西志計子は至誠をもって人に接し、徹底して他者に愛を注いだが故に人を引き付けてやまぬ不思議な魅力（カリスマ）を持っていた。ことに石井十次、留岡幸助、山室軍平はともに志計子と深い交友関係を持ち、三人とも志計子をいたく敬愛していた。

明治以降の社会事業の世界でこれほど華麗な人脈に恵まれ、日本の三大社会事業の先覚者から敬愛を一身に集めた女性が岡山県内はおろか日本中にもいたであろうか。

第二は、福西先生の崇高なまでに美しい死にざまである。死期を悟った先生は学校の将来を思い、あれもしたい、これもしておきたいと焦燥はつのり、悩みはとても深かった。ところがある時、伊吹牧師がコリント人への第2の手紙「我（神）思い汝に足れり」を読んだところ、これを聞くや福西先生は翻然として悟り、別人のようになり「神の御心に従って逝きます」と、最後は従容自若として、満面に笑みを浮かべ、生徒達にも「天国で会いましょう」と言いながら安らかに昇天した。主治医の山田忠治さんは、これは「福西女史が宗教的体験によって築き上げた人格の光である」と述べている。それはまことに崇高なまでに美しい死にざまであった。

筆者は福西志計子という人に魅せられ、その真の全体像を描こうと努め、四つの新しい見解を提起した。しかしその見解もいくらかの推論を含み、依然として仮説にとどまっている。もし若い人達（ことに女性）がさらなる研究を進め、検証し、批判していただければこれに過ぎる幸せはない。

備中高梁伊賀谷に咲いた大輪の「愛」の白百合は、凜として今もなお慈愛に満ちてふくいくとした香りを放っている。福祉の時代の今こそ、郷土が生んだ偉大な女子教育の先覚者が骨身を削って実践した魂の叫びをしっかりと聞き止め、末永く語り継がねばならない。

倉田和四生

平成十八年十月

福西志計子と順正女学校

―山田方谷・留岡幸助・伊吹岩五郎との交友―

● 目次

装丁・稲岡健吾

一章　備中松山藩　教育文化の伝統と山田方谷

1　備中松山藩の形成と教育文化の伝統

(1)　備中松山藩の成立

鎌倉時代、地頭の秋庭三郎重信は臥牛山《がぎゅうざん》に松山城を築き、軍事拠点とした。その後、高橋氏・高氏・後期秋庭氏・上野氏・庄氏・三村氏が備中松山を支配した。

備中松山は戦国末期には毛利家と織田信長の合戦の場となり戦乱が続いたが、江戸時代に入って、松山を中心に備中松山藩が次第に形成されていった。

慶長5年（1600）、小堀新助正次は徳川家康によって備中国奉行を命ぜられた。小堀家は政一（遠州）が元和2年（1616）に転出するまで山麓に御根小屋を整備して、そこで政務をとり、町割りをすすめるなど町の基本を形造った。

元和3年（1617）には、鳥取から池田長幸が6万5000石で松山に入った。池田氏も寛永18年（1641）に除封になるまでの24年間に新しい町割りに努めている。

寛永19年（1642）に水谷勝重が5万石で入り、勝宗、勝美と三代52年間に備中松山の城下町の整備に努めた。勝宗は陸上交通、河川運輸（高瀬舟）、玉島港における海上交易をすすめて問屋街を形成し、また新田開発を大規模に推進した。さらに鉄山の開発、商工業の振興に努めた。備中松山藩は水谷氏によって城下町がほぼ完成したといえよう。しかし勝美の子が若死したため除封（元禄7年）となった。

元禄8年（1695）から安藤重博（6万5000石）と信友が17年間政治に当たったが、正徳元年（1711）には美濃加納へ転封となった。安藤氏には特筆すべき治績はみられない。

その後に正徳元年山城淀から石川総慶が6万石で松山に入り、延享元年（1744）伊勢亀山に転封されるまで34年間松山藩を治めたが、目立った治績はなかった。

石川総慶と入れ替わりに、板倉勝澄が伊勢亀山から備中松山に入ったのである。

以上のように、備中松山藩には小堀、池田、水谷、安藤、石川と10年から30年位で入れ替わったが、その中でも水谷氏の三代52年の間に松山城と町割りの整備、新田開発、交通の整備、産業・商業の振興などすぐれた業績がみられた。

しかしながら、以下で述べる教育機関の創設は板倉氏によって初めてなされたのである。

(2)　備中松山藩と板倉勝静

板倉氏の先祖は江戸初期の岡崎譜代の板倉勝重で、駿府町奉行・江戸町奉行、初代京都所司代を歴任、その子重宗も父に続いて二代目の京都所司代を務めた。松山藩主としての板倉氏は勝澄《かつずみ》が伊勢亀山から備中松山に入封（1744）して、備中の62カ村5万石を領した時に始まったが、その2年後松山の内山下に学問所を開設した。これが後の有終館である。次いで藩主は二代勝武、三代勝従、四代勝政、五代勝晙《かつあき》、六代勝職《かつつね》と続き、勝職の養子が七代勝静である。

七代勝静は伊勢桑名の藩主松平定永の第8子で、寛政の改革で有名な老中松平定信の孫にあたる。勝静は天資賢明であった。20歳で板倉家の養子となった。松山藩は小藩であるが、先祖には京都所司代を務めた人もいるので、自分の志を伸ばすことが出来ると考えて養子になったという。

弘化元年（1844）6月、勝静は義父に代わって国元に帰り、政治を行うこととなったが、勝静は暇があれば有終館の学頭で教育係の山田方谷を観水堂に召して周易を講じさせ、一方『通鑑綱目』の講義を隔日毎に聴講した。方谷の才能を知った勝静は、ここで後に方谷を元締役に任じ、藩政改革を実行させることを秘かに決意したものと思われる。

嘉永2年（1849）養父の勝職が隠退し、その後間もなく没したので、勝静は5万石を継ぎ板倉周防守となった。そしてその年の12月、方谷を江戸に召して「元締役兼吟味役」に任じ、藩政改革の実施を命じた。

(3) 藩校有終館と教育文化の伝統

江戸幕府は文教を奨励したから、諸藩でも藩立の学校を設け藩士の子弟の教育を行った。ことに元禄年間（1688～1704）にいたって文教勃興の機運がみられ、その後宝暦（1751～1764）頃から盛んに藩校が設立されるようになり、寛政の改革後は急速に増加した。

先に述べたように、延享元年（1744）板倉勝澄は伊勢亀山から備中松山に転封となったが、その二年後、勝澄は松山の内山下に学問所を設立した。これが後に整備されて藩校の有終館となったのである。

竹軒と号した野村治衛門は元締役を辞した後、教育の飛躍的刷新を考え四代藩主勝政に請うて学問所を整備し、伯父の「芦田利兵衛」（北溟）を学頭に推し、自らは助教となって伯父を助けた。芦田が初代学頭になったのは70歳を過ぎてからであるが、この老儒の風格と好学の精神は若い藩士の向学心をそそったそうである。

芦田は朱子学派で、書物の中にうもれて勉強するという人柄であったが、寛政11年芦田の没後、「野村竹軒」が学頭を継いだ後は、むしろ陽明学に傾斜していた。竹軒は享和3年（1803）学頭から抜擢されて年寄役となり、再び執政となって政治の衝に当たった。

その後、有終館は火災に遭遇し逆境に陥ったが、その時期に学頭を務めたのが、「奥田楽山」である。この人は品性高潔で温雅であったので、一藩の徳望を担った人物であった。楽山はその高雅な品性と豊富な学識によって学頭となったが、藩主の領民風儀に関する訓諭の起案も楽山に命ぜられることが多かった。しかし彼の最も大きな業績は、天保3年の火災に遭い廃校の議が起こった有終館を新たに中之丁に再興したことである。当時は六代勝職が藩主であった。勝職は諫言すると直ちに厳罰を下す人であったから、その怒りっぽい藩主を上手に説得して有終館を再興したことは楽山の人柄といえよう。

2 山田方谷の就学と有終館学頭就任

山田方谷は西方村（高梁市中井町西方）の長《おさ》百姓の家に生まれ5歳の時、新見藩校教授丸川松隠のもとに入門したが、優れた学才を発揮し、神童と呼ばれるようになった。14歳で母を失い、翌年には父を亡くしたので、志半ばで学業をやめ家業を継ぐことになった。彼は厳しい家業に励むなかでも学問への情熱は失わず、寸暇を惜しんで読書に励んでいた。そのような学問熱心な若者の噂が藩主（勝職）の耳に入り、21歳の時、文政8年（1825）2人扶持を与えられ藩校有終館で学ぶことを許された。方谷は天にも昇る思いで有終館で研学に励んだが、やがてそこでは物足りなさを覚えるようになったので、師の丸川松隠の紹介状をもらって京都の寺島白鹿のもとに二回遊学したあと、文政12年25歳の9月に帰国したところ、苗字帯刀を許され、8人扶持を与えられ、有終館会頭を命じられた。

さらに天保2年（1831）京都遊学、続いて天保5年（1834）江戸に遊学して佐藤一斎の門に入った。一斎塾には秀才が全国から集まっていたが、方谷は塾長を務めており、そこで同僚の佐久間象山と熱い論戦を交わしたことは永く語り伝えられている。天保7年（1836）長い遊学を終えて帰国した方谷は、10月には有終館の学頭を命ぜられ、60石取りとなり、屋敷を御前丁《おんざき》に与えられた。天保9年（1838）には家塾「牛麓舎」を開いた。ここには三島中洲、大石隼雄、三浦泰一郎、進昌一郎、神戸一郎、矢吹久次郎など俊秀が入門した。

方谷の学統は孟子より王陽明、王陽明より佐藤一斎にいたる学統を主とし、朱子より五井持軒・五井蘭州・中井竹山を経て丸川松隠にいたる系統を副えたものである。

藩主勝職《かつつね》には跡継ぎがなかったので、天保13年、伊勢桑名藩主松平定永の第8子、勝静を養子に迎えた。勝静は2年後の弘化元年（1844）備中松山に入ったが、方谷は勝静の教育係を拝命した。また弘化3年（1846）には近習役となった。これによって勝静と方谷の信頼関係は深まっていった。

3　文武奨励策と藩政改革の特質

(1)　文武奨励策と藩政改革の特質

松山藩の藩政改革の特質は、財政改革と文武奨励策が車の両輪のように相伴って進行したところにある。

嘉永2年（1849）4月、勝静は藩主になると、同年11月江戸藩邸に山田方谷を呼び出し、元締役兼吟味役に任じ、藩政改革の実施を命じた。

翌3年6月、藩主として初めて帰藩した勝静は藩士を集めて全藩振粛を命じ、藩政改革をスタートさせた。そして嘉永4年には、勝静は「文なき武は武に非ず」との考えにもとづいて文武奨励に努めたため、藩士も今までの優柔、惰弱に日々を送っていた生活を一変、学問修行に励むこととなった。

次に嘉永6年（1853）正月、勝静は再び手書を下して文武一層の精励を家中一統に申し付け、「国勢の盛なるは士の正しきより起こる。士風を正しくするは文武を励するにある」と述べているが、この中に松山藩の基本となる教育方針が表れている。

さらに安政2年（1855）勝静は「藩士は30歳まで文武両道を鍛錬し、その上で文武官に任用するが、文武抜群の者は年齢にかかわらず抜擢登用すると定め、文武に精通しない者は将来の見込みなし」と諭達した。これとともに他藩に修行のために派遣される者も多くなったという。

松山藩では嘉永・安政の10年間の間に、郷校3、家塾4、寺子屋20が設けられている。このようにして、教育に力を入れた松山藩は、藩校有終館の外、江戸藩邸と野山に学問所、鍛冶町教諭所、成章村校、玉島教諭所が設けられ、さらに寺子屋を合わせると80を超える教育施設が存在した。これは大藩に匹敵する教育文化施設の充実ぶりであった。

越後長岡藩士河井継之助は安政6年（1859）山田方谷の教えを乞うため松山に逗留した際、多くの百姓・町人が難しい書物を読んでいるのに驚いたと日記に書いている。

文久元年（1861）有終館の学制改革が行われたが、その要旨は孔孟の道義に基づいて西洋の学術を兼採するということにあった。ついで慶応3年（1867）には洋制を参酌して、文武の諸制を改革している。これには他藩におくれを取った洋学を積極的に採用すべしという山田方谷の考えがあずかって力があった。

(2) 藩政改革の遂行

すでに述べたように、嘉永2年45歳になった山田方谷は辞職を願い出ようと思っていたところ、勝静に江戸に呼び出され「元締役兼吟味役」を命ぜられ、「藩の財政を立て直し、健全な活気のある松山藩にするために力を貸してくれないか」と依頼された。

方谷の抜擢には反対する藩士が多かったが、勝静は「方谷への悪口は許さぬ」との達しを出し、信任の厚いことを示した。

〔改革の第1〕は、まず嘉永3年「上下節約令」を出し、藩士一同心を引き締めて事に当たることを諭し、藩士の減俸を申し渡し、綿織物を着るように命じ、宴会を禁じ、奉行・代官への贈り物は届出制とし、巡郷の役人には酒など出さないように指示した。

〔改革の第2〕は、同年10月から取りかかった「負債整理」である。松山藩は5万石であったが、実際は2万石足らずにすぎなかった。そこで会計は毎年赤字で、借金がすでに10万両に達していた。

そこで、方谷は自ら大坂へ出かけて、銀主の商人に借金の返却期間の延長を願って承知させ、蔵屋敷を廃止した。

〔改革の第3〕は、産業振興である。農民には開墾を勧め、葉タバコ、茶、楮、山には杉、桧、竹、漆などを植えさせた。さらに大高檀紙、釜敷紙、白髪素麺、三折煙草、ゆべしなどの生産を奨励して有利に販売させた。また、三宝・吉田の鉄山を開発し、近似《ちかのり》の製鉄所で刃物、鍬、鎌、鍋、釘を作り「撫育方」で販売した。さらに、商品を江戸に廻送し、「江戸産物方」で販売させた。

こうして安政4年（1857）には10万両の借金を返して、さらには10万両の蓄財を設けた。

〔改革の第4〕は、紙幣の刷新である。嘉永3年（1850）から3年間に信用のなくなった旧札を買い上げ、嘉永5年近似河原において大勢の前で711貫300目の紙幣を焼き捨てた。これで藩札の信用は回復し、他藩にまで通用するようになり、商取引も活発となった。

〔改革の第5〕は、士民撫育である。その一つは、飢饉のための「貯倉」を領内60カ村のうち40カ村に設立した。このため、嘉永年間の飢饉の時にも貯倉の米を庶民に放出したため、松山藩では一人の餓死者も出さなかった。また借り上げ米の廃止、百姓の賦役を減じ、難渋村を助け、町人に金銭の融通をするよう藩主に建言した。

その他道路、河川の整備が実施された。

〔改革の第6〕は軍備の充実である。方谷は以前から西洋式武器に関心を持ち、大砲を鋳造させ、また桔梗河原で西洋銃陣法の演習を行った。また藩境の防備を固めるため、農兵隊を組織した。まず庄屋とその子弟から屈強な者を選んで帯刀を許し、訓練して武士に取り立て「里正隊」と呼んだ。次に藩内の猟《りょう》師や元気な若者を集めて農兵8大隊（1200人）を組織した。藩兵400人に加え1200人の農民兵を加えることによって、20万石の大藩に匹敵する武力を備えることになった。

〔改革の第7〕は文武の奨励である。これについてはすでに述べた。

4　藩政改革成功の条件

次に松山藩において山田方谷を責任者として遂行された藩政改革が短期で見事に成功した条件を考察してみたい。

方谷の藩政改革については、米沢藩の上杉鷹山の藩政改革を手本にしたといわれるが、その相違点は松山藩の場合には、①1人の犠牲者も出していない。②改革の効果が短時日のうちに現れた。③改革実行者方谷の人気は絶大であった、ところにあると指摘されている。

また、改革成功の要因としては、次の7点が指摘されている。
①改革の理念を大局的なもの（領民を幸せにする）に置き、銭勘定は二の次とした。
②効果的な経済改策
③率先垂範と人材登用
④絶大な権限の付与
⑤情報公開と信頼回復
⑥改革時期が適当
⑦地の利
これらはいずれも重要で適切な点を指摘している。筆者は、成功の理由について、これらをふまえながらやや異なる観点から考察してみよう。

(1)　藩主が他家からの養子で、しかも卓越した名君であったこと。

他家からの養子であったため、旧弊を相対化しこだわりが少なかったことが重要である。松平定永の8男として伊勢桑名に育った勝静は20歳の時、嗣子のなかった備中松山藩主板倉勝職《かつつね》の婿養子となった。その際勝静が考えたことは、松山藩は5万石の小藩ではあるが、先祖は京都所司代など幕府の要職を占めた家柄であるから、自分の志を伸ばすことが出来る可能性があると判断したことにある。

松平定信の孫に当たる勝静は生まれつき聡明で書をよくし、長じて文武を好んだ。方谷は文学は家中で及ぶ者はなく、弓術・馬術も抜群の上達であったと賞讃している。このことを知り、佐藤一斎も方谷にそのような主君であるなら、方谷の理財論を藩で実行することも難しくないだろうと述べたという。

勝静が名君であった重要な証拠は、彼が清貧を好み、文武両道の振興に努めたことである。さらに最も大事なことは、改革を成功させるのに必要な条件は藩士や庶民が一体となって改革を支持する雰囲気が高まらなければならないことを勝静自身が一番よく理解していたことである。

(2) 方谷が勝静の教育係（師弟の関係）となり、両方に信頼の絆が築かれていた。

学頭に就任していた40歳の方谷は、世子勝静の教育係に指名された。学問にも意欲的で聡明な若者を見て、方谷は使命感にかき立てられたのであろう。方谷は厳しい態度で教育に当たった。

師弟の講学討論の中で勝静が「唐徳宗論」を書いた。それは中国唐代の君主徳宗の例を聞いて、君主がいかにあるべきかについて書いた勝静の論文である。この論文を見た方谷はこの論文をいただきたいと申し出た。何故かと問う勝静に方谷は答えた。「若君はたしかに立派な君主論を書かれました。文章は誠であり、真実を語るものでなければいけません。この徳宗論で書かれた君主論が、後日藩主となった若君の言動と一致するかどうかは、その時になって初めて判明いたします。世子若君が藩主となられたあかつきに、もし、この徳宗論に反する言動を示されるような事がありましたならば、ここに書かれた文章は虚言であり、誠がない証拠となります。私は若君を責めるでありましょう。その時、若君を責め批判する証拠材料としてこの論文をもらいうけたいのです」と述べた。この問答は、封建時代の主従関係を考えると極めて危険なことのように思われるが、方谷は剛胆な人であった。勝静は笑って論文を差し出した。方谷は内心これはただ者ではないと喜びをかみしめながら続けた。「政策や言動をいさめ忠告する諫言の臣下が存在しても、その忠告を受け入れる余地がないとすれば、それは主君の罪であります。だが、ひるがえって、自らの保身のために主君に諫言することが出来なくなってしまう臣下が多いのは、明らかに臣下の罪であります。この論文をいただくのは、後日の若君の藩政の証文とすると同時に、臣下としてきちんと諫言出来る自分自身であらねばならない、と決意した方谷自身の自戒のためでもあります」と。

こうして二人の間には強い人間の絆が結ばれていった。矢吹邦彦は次のように書いている。「火花散る激しい議論や、思想のやり取りの中で、世子勝静と方谷のお互いの信頼関係は深化し、昇華した。あやうい人間関係などはるかに超えた師弟の絆が二人の間に密かに結ばれていたのである。いかなる中傷誹謗をもってしても、他人がこの絆を断ち切る事が出来ぬほどの強固な同志的な結びつきが構築されていった」

このような二人の信頼関係があってこそ、改革は成功した。

(3) 方谷が儒者で私塾を持ち多くの子弟がいたこと。

如何に方谷といえども、大きな改革を進め、また危機に対処するためには多くの協力者がなければならなかった。藩校有終館と私塾牛麓舎に学んだ弟子、三島中洲、大石隼雄《はやお》、三浦泰一郎、進昌一郎、神戸一郎、神戸兼次郎、林富太郎、矢吹久次郎、高野文五右衛門、渡辺貞助、服部陽輔など方谷を尊敬する多くの弟子達が、方谷の指示に従って命がけで改革を推進したからこそ成功したのである。

(4) 士民撫育の方針が藩全体に感謝された。

方谷が改革を行うに当たって終始一貫した方針は「士民撫育」であった。このことは嘉永4年（1851）の上申書の中で、「財政再建は金銭の取り扱いばかり考えていて決して成就できるものでなく、国政から町民・市中までをきちんと治めて、それが出来るものである。政治と財政は車の両輪である」と述べている。

さらに、安政2年（1855）の上申においては「藩主の天職は、藩士並びに百姓町人たちを撫することにあります。先ず急務とするところは、藩士の借り上米を戻すこと、百姓の年貢を減らすこと、町人には金融の便宜をはかり交易を盛んにすることの三カ条であります」と述べている。

江戸時代には、凶作がしばしば起こった。これによって一番苦しんだのは、蓄えのない農民達であった。この事情をよく知っていた方谷は、凶作に備えて、各村々に「貯倉」を設け、米を蓄えさせ、不時の災害に備えた。貯倉は藩内60カ村中40カ村に及び、その後に度々襲った飢饉に際しても、松山藩からは一人の餓死者も出さなかった。藩内では方谷の生祠（生存中の人の徳をしたって神とまつる）を建てるほどであったという。

藩全体が方谷の人徳を慕っていたからこそ、改革が円滑に遂行されたのである。方谷の温かいまなざしは、ことのほか下層民に向けられていた。

5　山田方谷の理念と改革の目的

次に山田方谷の理念と藩政改革の目的について述べてみよう。

山田方谷が73年の生涯を貫いて生き方の根本原理としたものは、「至誠惻怛」であった。それは陽明学の基礎理念である「良知」の内実は「真誠惻怛」であるとされているところにある。方谷は至誠惻怛と表現したが、方谷は生涯を通して誠をもって人に接し、慈しみを施した。方谷がこの言葉を贈ったのは、方谷の教えを受けるため備中松山を来訪した越後長岡藩士河井継之助であった。方谷は学習を終えて帰国する河井の陽明学全集にこの言葉を書き贈ったのであった。河井は後、戊辰戦争において越後長岡藩を指揮して薩長軍に大打撃を与えたが、惜しくも敵弾に当たって散華した。

次に、旧松山藩主板倉勝静がようやく許されて禁固を解かれた明治5年、新政府から仕官の要請を受けた三島中洲は方谷に意見を求めた。これに対して方谷は仕官を勧めたあと、「就任の後、事を処すのに至誠惻怛国家のためにとの思いからではなく、自分の名誉や利益のみを図るような事であるなら、たとえ震天動地の功績があっても、それは一人の利己的な行為にすぎない」と書き与えた。要するに、方谷は折角新政府に出仕するのであれば、私利私欲に走ることなく、公のために尽力しなさいと諭している。ここでも、「至誠惻怛」は誠を持って他者（公、ここでは国家）の為に奉仕することを意味している。

方谷は藩政改革をも「至誠惻怛」の精神をもって断行した。そこから方谷による改革の目的は藩の財政再建にとどまらず、真の目的は下方潤沢（領民を豊にする）や士民撫育（領民を幸せにする）というところにあった。すなわち「惻怛」、いつくしみの主な対象は中・下層の領民に向けられていた。方谷のこの士民撫育の実情が明確にみられる成果は、領内40カ村に設けられた貯倉（郷倉、義倉）である。これらは水害や干ばつなどの凶作の年に備えて米を蓄えておく倉庫であるが、嘉永6年（1853）、備中松山はひどい干害に見舞われたが、方谷は農民救済のため貯倉を開いて備蓄米を配ったので、藩内では餓死者が出なかったという。

このように「至誠惻怛」の理念の存在と「士民撫育」という目的こそが改革を成功させたのである。

6　明治維新以降　備中高梁のおかれた社会経済的状況

次に、明治維新以降の備中高梁の近代化を考察していくための準備作業として、当時の高梁の社会経済状況を検討しておこう。

この時点で高梁の社会経済状況を規定する第一のものは、備中松山が戊辰戦争によって朝敵となり、敗者となったことである。戊辰戦争に入るや藩主勝静は老中職を辞したが、日光、会津、仙台、箱館へと戦乱の地を流転したあと、松山藩士に救出され、やがて自首したが終身禁固の刑に服した。他方、国元の松山藩では朝敵とされ、備前岡山藩の征討を受けた。幸い方谷等の努力によって合戦はまぬがれたものの、城下は征討軍に1年8カ月にわたって占拠され、藩士は城下を離れて謹慎した。そのため生活はきわめて困窮した。ようやく明治2年松山藩は5万石を2万石に減じられ高梁藩として復興した。

このような戊辰戦争の「敗け組」であったことが、高梁の明治以降を条件づけている。まず当時の市民生活状況についてみてみよう。

明治2年に2万石で復興した高梁藩は、明治4年の廃藩置県によって高梁県となり、その後、深津県、小田県を経て岡山県に編入された。

廃藩置県後の高梁は社会的混乱も甚だしく、特に秩禄公債を使い果たした士族の生活が困窮を極め、それは明治の中頃まで続いた。当時の「山陽新報」にはしばしばその困窮の様子が報じられている。その中には、家屋もなく雨露を凌ぐことも出来ない人もいることが旧藩主の耳に入ったため、これをあわれみ旧藩主は本町に長屋を八戸建築して入居させたとある。また、大晦日には数十名の貧困士族に若干の金を贈恵したと報じている。これら旧藩士救済のため授産事業がいくつも試みられたが、麦藁細工や真田紐の作製の外はほとんど失敗に終わった。職と家禄を失った旧藩士達の多くは、新しい職を得る事もできず、住み慣れた高梁の地を去って、京阪神地方や東京へ移住したが、殊に旧松山藩邸があり旧藩主勝静の住む東京へ移住する人が多かった。

このように戊辰戦争後の高梁は朝敵とされ1年8カ月も占領された上、石高も5万石から2万石に削減された。さらに続いて廃藩置県の大改革にさらされ、秩禄公債を使い果たした高梁の士族階級の困窮振りは察するに余りあるものがある。こうした高梁の社会的状況が明治10年代の自由民権運動のひろがりとキリスト教の伝道のあり方に深くかかわっている。

7　山田方谷とキリスト教

後の章で高梁へキリスト教が伝道されその信徒となった福西志計子と留岡幸助の活動について述べるために、ここで山田方谷とキリスト教についてふれておきたい。筆者は昨年

（平成17年）『留岡幸助と備中松山』を出版した時には全く気付いていなかったが、そのあとで方谷のキリスト教の理解について知った。

(1) 有終館の改革と洋学

山田方谷は朱子学から陽明学を修めて藩校有終館の学頭となり、さらに元締役について藩政改革を遂行して成功した。方谷は佐藤一斎塾における佐久間象山との論争や西周との対話に見られるように陽明学に拠って立ち、洋学と対峙している。ただ方谷も唯一軍事技術については早くから西欧の優位性を認め、大砲や小銃、さらに軍艦の採用に強い関心を示した。しかし、それ以外の分野においては伝統を遵守した。こうして松山藩は洋学の採用に遅れをとった。

しかし文久元年（1861）有終館においても学制改革が行われ、漢学に併せて洋学も採用されることとなったが、その要旨は孔孟の道義に基づいて西洋の学術を兼採するというものであった。また慶応元年には洋学総裁を設け、奉行格の三島中洲が兼務した。さらに慶応3年（1867）になると、洋制を参酌して文武の諸制を改革している。長く陽明学、朱子学を根拠にして来た有終館がこのように改革せざるを得なかったのは、幕末の内外情勢の中で西洋の軍事力の優秀さを認めざるを得なかったからであり、他藩に遅れをとった洋学を積極的に採用すべきだと方谷が考えたからだという。

(2) 山田方谷と漢訳聖書

伊吹岩五郎の『山田方谷』によると、方谷は陽明学以外にも様々な学問分野や宗教にも関心を示し、仏教も深く研究していたが、驚いたことに『漢訳聖書』を通読し要理を理解していたという。方谷は明治2年頃には年輩の塾生には英語を学習することを勧め、さらに西洋文明の根底にある精神的要素を研究するためには基督教の精神にふれなければならないと述べていたという。これを伊吹岩五郎校長は当時の塾生だった人から直接聞いたと述べている。

(3) 獄制改良とキリスト教

伊吹岩五郎はさらに方谷の「獄制改良」説についてふれている。そこには、獄制改良にはキリスト教における「キリストが十字架上の死によって人類の罪をあがなった救いの思想」を取り入れるのがよいのではと述べている。

この点については、高梁へのキリスト教の伝道に大きな役割を果たした二宮邦次郎がいよいよ牧師の道に進む際に、二宮の養母が新島襄へ話した言葉が伝えられている。彼女は「山田方谷は明治の大儒で、三島中洲の師匠です。ごく進取的な人物で、キリスト教のバイブルなども調べていたらしく、監獄制度も研究もし、ゆくゆくは監獄もキリスト教の精神を以て処理せねばならぬようになるだろうと言ったそうです」と述べている。

このように、伊吹岩五郎と二宮邦次郎の母の証言によって、山田方谷が漢訳聖書を読みキリスト教の要理を正しく理解していただけでなく、その人間愛によって日本の冷酷な監獄制度を改良しなければならなくなるだろうと考えていたとはただ驚く外はない。ともあれ方谷はキリスト教を理解し、その愛の精神を高く評価していたのである。

(4) 陽明学とキリスト教

新渡戸稲造は日本人の精神を西欧人に紹介するため『武士道』を出版したが、その中に「王陽明の著作には『新約聖書』と多くの点で似たところがある」と書いている。若し陽明学の体系が新約聖書と極めて類似しているのであれば、陽明学の大家であった山田方谷は新約聖書を正確に理解することが出来たものと推察される。

日本の陽明学の祖と言われる「中江藤樹」の「上帝」はキリスト教的人格神に著しい近似を示すものであった。藤樹の感化を受けたのは熊沢蕃山および陽明学者達である。

明治初年に基督教に入信した儒教学徒は陽明学派の人がほとんどであった。例えば横井小楠は蕃山に傾倒し、「集義和書」を愛読しよく講義した。小楠の学風はその子供や子の学友に影響し、後に熊本洋学校の学生達は明治9年花岡山でキリスト教徒の盟約をした。

その外、津軽藩の本田庸一、岩田藩の波多野培根も陽明学からキリスト教徒となったが、備中松山藩の山田方谷の門下から福西志計子がキリスト教徒となったのもむしろ自然のなりゆきであったのかも知れない。

さらに山田方谷の漢詩の研究家宮原信は朱子の学を「窮理の学」、王陽明の学を「致良知の学」、方谷の学を「養気の学」と性格づけ、「養気」とは宇宙万物を創造し運行営為させる「大エネルギー」と説明している。これは理知的であって信仰的なものにはなっていないが、論理構造としてはキリスト教の「創造主＝神」とほとんど同じではないか。

方谷が陽明学の奥義をきわめた人物であったことを考える時、方谷はキリスト教と酷似する思考に到達していたと思われる。

山田方谷は明治10年に死去したから、明治12年秋にキリスト教が高梁に伝道された時、彼はすでにこの世に居なかったが、もし存命中に伝道されておれば、きっと理解を示されたものと想像される。

(5) 山田方谷と福西志計子

福西志計子の家は、延享元年（1744）藩主板倉勝静に従って伊勢亀山から備中松山に移住した譜代の藩士で、御前丁に住み、隣に山田方谷が居た。志計子が7歳の時父が死去したが、その悲しみのなかで、母は彼女に人の一生にはいつ何が起こるかわからない、ことに現在のような動乱の時期には、女性も手に職を持ち、家を支えていかねばならない。そのためには、まず読み書きを習う必要があると隣家の碩学山田方谷の門をたたくことを勧めた。碩学方谷の門に入れてもらえたのは、隣のよしみか破格の幸運であったと言えよう。入門した志計子は、句読師について儒学を学んだ。平成17年に出版された山田方谷顕彰会『入門　山田方谷』には女性の弟子として福西志計子の名が記されている。

次に、志計子は明治8年には「岡山裁縫伝習所」に学んでこれを卒業し、明治9年から高梁小学校付属裁縫所の教員をしていたが、明治12年10月と13年2月キリスト教の伝道を聞き、これに感動して信徒となり、信仰活動を続けていた。ところが、これが町議会から非難され、明治14年7月教員の職を辞した。しかし、彼女はこの逆境をはね返して、同年12月自宅で私立裁縫所を立ち上げた。その際、志計子は女学校の校名の考案を山田方谷の高弟で高梁小学校の校長をしていた兄弟子の吉田寛治先生に依頼した。吉田は漢籍から「順正」を提案したため「順正女学校」と呼ばれるようになった。このように福西女史の「順正」女学校も山田方谷の系譜につながっているのである。

第3に、福西志計子の死後、後継者として校長となった伊吹岩五郎は35年間勤めた順正女学校を大きく発展させ、昭和4年に退職したが、5年に著書『山田方谷』を公刊した。伊吹はおそらく福西志計子に山田方谷の話を聞き、関心を深め、明治時代から少しずつ研究を重ね、昭和5年に出版したものと思われる。

このように考えると、福西志計子が創り伊吹が引き継いだ順正女学校には、一貫して山田方谷の精神が一つの雰囲気として流れていたと考えることができるであろう。

(6)　留岡幸助の山田方谷追慕

留岡幸助は山田方谷の謦咳に接していない。しかし郷土の碩学について古老からいろいろ聞き、強い関心を持っていた。次の事実がそれを示している。

まず第1に、伊吹岩五郎は著書『山田方谷』の序文を留岡幸助に依頼した。留岡は同志社で伊吹の2年先輩で二人は親しかったし、留岡が高梁出身で著名な社会事業家であるところから頼んだものであろう。序文の中で、留岡は二つのことを述べている。一つは留岡の家にあり、時折父親が観賞していた一幅の掛け軸のことである。それは児島高徳が院庄で桜の幹に十文字の漢詩を書いているもので、その絵の側に山田方谷が七言絶句の漢詩を書き添えたものであった。留岡も12歳の頃から漢詩の手ほどきを受け、外史や十八史略などを読んでいたから、このような詩を書かれる方谷先生の思想を窺ってみたいものだと思っていたという。

次の話は、郷里の古老に聞いた話として、方谷が江戸で佐藤一斎の門下にあったとき、方谷先生と佐久間象山が大声で議論をしているのを佐藤一斎先生が聞いていたが、どちらも力戦していたという話を聞き、山田方谷という郷土の碩学について研究してみたいと思いながら、忙しさにかまけて果たせなかったと述べている。

これは自宅の掛け軸についての思い出と古老の話についての感想であるが、やはり身近なところで方谷について聞き、郷土の偉人に深い関心を抱いていたのである。

第2に彼は自らの講演の中でも、時折、方谷について述べている。例えば東京木挽町の報徳銀行における講演の中で、郷里についてふれ「私の生まれたところは漢学の盛んなところであって、今の東宮侍講の三島中洲先生は私の処の先輩である。先生は私の幼少の時に有終館と云うて板倉伊賀守の藩学の塾長であった。其の三島先生の又の先生が山田方谷と云う偉い方であった。（中略）斯の如く漢学は極めて盛んな処であるので、私は町人であったけれども、幼少の時分は一定の時刻に毎日士族屋敷に前掛けを外して、四書など講釈を聞きに行ったものである」と述べている。このように留岡のキリスト教もまた「儒学に継木されたキリスト教」であった。それ故二宮尊徳と同一化することが出来たのである。留岡は郷里の教育文化と山田方谷、三島中洲、川田剛等について強い誇りを感じていたことがわかる。

筆者は山田方谷の理念を「至誠惻怛」だと指摘したが、留岡幸助の生き方はまことにこの理念そのものであったと考えている。留岡はいかなる人にも誠をもって接していたし、貧しい人、困難にあえぐ人達に限りない慈愛を注いだ生涯であった。その意味で、方谷の生き方と留岡の生き方には類似したところが多い。また、方谷が監獄改良に関心を持っていたとの事実は、監獄改良を天職として出発した留岡と驚くほかはない不思議な符合である。

留岡幸助は山田方谷に直接教えを受ける機会には恵まれなかったが、備中高梁に脈々と流れていた山田方谷の思想を中核とする教育文化の伝統を確かに吸収し、強く影響を受けていたことは疑う余地のない事実である。

二章　悲運（父の死）を乗り越えて裁縫教師へ

福西志計子が度重なる試練と戦いながら、志を立てて教育を受け職業婦人となり、遂には女学校の創設者となっていくその過程をたどってみたい。まず最初に福西家の系譜をみてみよう。資料は現在横浜市にお住みの福西志計子の曾孫にあたる福西譲治氏から提供していただいた。

1　福西家の系譜

(1)　福西家の先祖

福西家の先祖は板倉勝澄公が延享元年（1744）伊勢亀山から備中松山へ転封によって移住した際にこれに随行した士族福西鉄彌で、松山の御前丁《おんざき》に居住した。系譜は、以下の通り。

(2) 系譜

福西鉄彌 ― 妻
(1792・10・3没)

↓

福西玄左衛門 ― 妻
(1837・6・14没)　(1846・12・11没)

↓

福西郡左衛門 ― 福西飛天子
(1852・3・21没)　(1899・9・1没)

↓

福西助五郎 ― 福西志計子
(1909・2・6没)　(1898・8・21没)

↓

福西庸徳 ― 福西栄
(1922・2・25没)　(1971・6・11没)

↓

福西　潤・福西　陽・福西　琳・福西　福・福西　達
(1999•6•2没)(1907•9•10没)(1907•6•28生)(1941•6•24没)(1923•3•25没)
(吉見家へ養子)(門田家へ養子)

↓（福西　潤）

福西　徹・福西譲治・福西喜子
(長男 2000•1•25没)(次男 1929•8•29生)(長女 1941•4•29生)
(武田家へ嫁ぐ)

①福西鉄彌の孫福西郡左衛門（伊織）には男子がなかったので、志計子に井上助五郎を養子に迎えた。

②福西助五郎　井上泉平の7男で、福西家の養子となり志計子と結婚。松山藩士で、御殿において礼儀作法を教えていた。廃藩後は向町の家で娘達に漢文を教えていた。

③福西庸徳　助五郎と志計子の間には子がなかったので、御前丁で隣家であった塩田虎男（快風丸に新島襄を乗せて箱館へ行き、新島のアメリカへの脱出を助けた人）の次男庸徳を養子に迎えた。同志社中学を中退して、東京高等商船学校に入ってこれを卒業し、日本郵船に勤務し、ヨーロッパ方面で活躍した。順正女学校の理事も務めた。

④福西栄　庸徳の妻、門田正英の長女。順正女学校卒業後、東京で明治女学校で学んだ。順正女学校で文科の教師を務めた。その後神戸に住んだが、再び高梁に帰り90歳まで高梁にいて、東京へ移った。

⑤福西潤　庸徳の長男。高梁中学、関西学院高等部商科卒。日本コロンビアKKに勤務。

以上、福西志計子は松山藩の士族の一人娘で、17歳で井上助五郎を養子に迎え結婚した。御前丁に住んでいたが、後、柿ノ木町に移った。志計子には子がなく、塩田虎男の次男庸徳を養子とした。庸徳は門田正英の長女栄と結婚した。

福西志計子の養子福西庸徳は、高級船員としてヨーロッパ方面で活躍したが、順正女学校の理事を務めていた。妻の栄は順正女学校の文科の教員を務めた後神戸に住んで、子供の教育に当たったが、その後再び高梁に帰り、90歳頃まで居られ、そのあと東京の子供のところに行かれたそうである。福西庸徳・栄夫妻には5人の男子がいたが、神戸・東京・大阪に就職した。福西庸徳の長男福西潤は日本コロンビアに勤め、東京に在住した。福西潤さんの次男福西譲治さんは現在横浜に在住している。

2　父の死（試練）と志計子の方谷私塾牛麓舎入門

(1)　父の死

福西繁（志計、志計子）は弘化4年（1847）備中松山藩士福西郡左衛門（伊織）の娘として生まれた。この頃は西欧諸国の軍艦が日本の近海に現れて開国を要求した時期であったが、幕府は鎖国政策を守り、外国との対応に苦慮していた。

志計子は幼い頃から聡明で、しかも意志強固な子供であったから、両親も周囲の人達の期待も大きかった。

志計子は生涯の間に5度も大きな人生の試練に襲われた。「最初の試練」が7歳の時に見舞われた「父の死」という悲運であった。一家の主柱である父親が死去したのである。福西一家は途方に暮れた。

父福西伊織が死去したあと、母と子はどうすべきかいろいろ考えあぐねた末、連れられて母の実家の剣持家に帰りそこで養育された。7歳の聡明な志計子は父を失った悲運をいたく悲しんだが、決して自暴自棄に陥ることなく、長い人生に度々遭遇する困難を思い、これと闘って生き抜くことを心に誓った。少女期における悲劇の体験が志計子の人格の基礎を強めたといえる。志計子は第1の試練を成功裏に乗り切ったのである。

(2) 母（福西飛天子《ひでこ》）の教訓

ここで母親の存在が極めて重要であった。母は7歳で一家の主柱を失って悲運を嘆く志計子に対して、諄々と訓《さと》した。「人の一生には思いがけない悲劇が度々襲って来るものです。まして現在は日本国中動乱のただ中にありますから、多くの人が戦乱で亡くなっています。人はいつ何が起こるかもわからない先行き不安の中に生きているものです。人はそのような悲劇に打ち勝って生きて抜かなければなりません。夫が亡くなったら妻が一家を支えて生き抜かなければならない事態も起こります。そのためには、困難を生き抜くためには強固な意志と技能を身につけておかねばならないのです。今の福西家はそのような悲劇に直面しているわけです。私（母）には夫が亡くなった後、一家を支える手だてがないため、やむを得ずあなた（志計子）を実家に連れて帰り生活することになりましたが、あなたが成人したら再び福西家を再興しなければなりません。そのためには、技能を身につけることが必要です。技能を身につけて生き延びるには、なによりも先に読み書きを学習することです。お隣の山田方谷先生も百姓の出身でありながら、学問を修めて有終館の学頭になり、さらに松山藩の元締役について改革を実行しました。学問を身につけることこそが不安な時代を生き抜く確かな手だてです。あなた（志計子）は女子だから学問を学んで武士になることはできませんが、技能を身につけるためにも、学習をしておくことが必要になると思います」と母は涙ながらに切々と訴え志計子を訓した。ここで、7歳の志計子は母の教えに従って強く生きようと心に誓ったのである。

この悲しい父の死と厳しくも愛に満ちた母の教えこそ、志計子の「原体験」となり、生涯の生き方を支配することとなった。

(3)　方谷の私塾牛麓舎への入門

こうして母は志計子が動乱の社会に生き抜くための技能を身に付けるには、なによりも読み書き能力を身につけさせることが第一と考え隣家の山田方谷の門をたたかせた。当時山田安五郎（方谷）は御前丁に住んでおり、隣に福西郡左衛門の家があった。方谷は藩校の学頭を務めた漢学者として全国に知られており、後には元締役兼吟味役となって藩政改革に成功した藩の実力者であった。

当時、若い女性がこれほど高名な方谷の門をたたくとは、余程の勇気がいったであろうが、隣とはいえ女性の入門を許した方谷も余程寛大な扱いをしたものといえよう。当時松山藩には藩校の有終館、御前丁に牛麓舎、甲賀町に静修舎、新町と中間町に私塾があったが、いずれも男子を対象とするもので、女子を入れたのは柳井真澄の私塾の不如学舎だけで、それも15人にすぎなかった。普通、女子には寺子屋以上の教育の場はなかったのである。いずれにしても志計子は破格の好運に恵まれたのである。

この方谷の門をたたいたことの中に、志計子がより高い「理念」を求めるタイプの人間であること、さらに手段としての「教育」を重視したことを読み取ることができる。

志計子が方谷門下で句読を受けたことは知られているが、それ以後、漢学をどこまで修めたかはあまりよく知られていない。しかし昨年出版された山田方谷顕彰会『生誕２００年記念　入門山田方谷』（２００５・10・１）では、方谷の弟子として福西志計子の名が見られる。後に高梁小学校長となった吉田寛治は、志計子の兄弟子ということになる。志計子は小学校付属裁縫所の教員となったから、吉田校長は志計子の上司でもあった。

百五十年も前に、山田方谷が福西志計子の入門を許したという事実はまことに驚くべき先見の明と言うべきで方谷は女性史の上でも更にその評価を高めることになるであろう。

3　福西志計子の人となり

志計子の人となりについては資料が残されていないため、正確に論ずることは困難であるが、間接的な資料を通して推察してみよう。

(1)　理知的な人

志計子は生まれつき理知的であった。志計子に接した人は、いずれも頭脳明晰であったと語っている。とても怜悧で、いわゆる才媛であったものと思われる。ことに数理的な才能が豊かであったらしい。何をやらせても器用で上手にこなせたという。裁縫の技能だけでなく、ミシンも町で一番先に買い入れ、洋裁も上手だし、お茶の手さばきも実に見事だったと書かれている。

ただ合理的、理知的な能力や対応の仕方が、見方によると冷たく見られることになったと思われる。多くの生徒達が福西先生にはなんとも言えない威厳があったと語っているが、合理的、理知的で、生徒達にも遠慮なく指導したからであろう。

(2) 理念追求型

志計子は純粋な生き方を望む人であった。彼女は善悪をはっきり分け、より美しいもの、より価値の高いものをひたむきに求めていく性向があったと思われる。それはまず方谷の門をたたいたことに現れ、次に後にキリスト教の理念を確信し、ゆらぐことなく求めていく結果をもたらしたのである。

このことは中途半端で妥協的な生き方を排し、結果として幅の狭さをもたらしたと思われる。

(3) すぐれた実行力

意志が強固で、決めた案を実行する能力にたけていた。彼女は手の人であり実行の人で、これが志計子の性格の中で最も特徴的なものであった。父の死という悲運に耐えて生きていく過程で、彼女には強固な意志が形成され、計画を実現する能力を身に付けていったのである。彼女の実行力は抜群のもので、彼女が企画実行することを誰も抑えることができなかったようである。これが学校経営者として重要な資質となっていった。

(4) 熱い情念

志計子は冷静で理知的であった反面、烈々たる情熱を秘めていた。これが原動力となって真摯な祈り、生徒への懇切丁寧な指導がなされたのであった。強固な意志や理知的な判断力、さらに実行力の根底にあって志計子を突き動かして行く原動力となったパッションがあった。

(5) 慈愛心

人へのいつくしみ、温かい配慮のできる人で貧しい人や困った人に温かい支援をすることを望んだ。生徒や同僚、友人のために祈り、目立たない形で援助した。学費を払えない生徒には、寄宿舎の掃除洗濯などをさせて、苦学生として就学させている。

4 志計子が求めた理念

このような性格を備えた志計子は、成長の過程で次第に自分が求める理念とその実現を明確に形づくるようになった。志計子が求めるようになった理念は、人間の平等と女子の自立の実現のための女子教育の推進であった。

(1) 人間（男女）の平等

志計子は怜悧で合理的、理知的な才媛であったから、当時の社会制度からみるときわめて特異であるが、男子に対する劣等感を持たず、むしろ男女は平等であるべきだとの考えを抱くようになっていた。

人間の男女の間には肉体的・機能的な差異があるが、それは優劣ではないはずである。異なった機能をもつ男女は、補完し合って初めてよりよき生活が営まれるものである。

しかし、現実には男性中心の社会制度のもとに、それを維持するため女性は差別され、学習の機会さえ十分には与えられてはいない。そのため女性は現実に男性ほどの知性と能力の発展を妨げられている。そこで結果として、現状ではほとんどの分野で女性の能力は男性に著しく劣っている。

(2) 女子の自立のための女子教育の重要性

しかし、本質的には男女の能力には大きな差異がないのであるから、女性の能力の発展を妨げている教育の機会さえ男性と同じように提供されるなら、女子の能力は急速に向上して男子に近づき、同一となるはずである。

ここに女子教育の必要性の根拠がある。志計子はこのような考えに到達していたと思われる。しかも、志計子の場合には単に教育だけでなく、自立のための職業教育を指向していたところに先進的な特徴がある。手に職を持つことによって職業人として社会の生産・サービス活動に参加し、収入によって家計を支えることが可能となる。女性も職業を通して社会の拘束からより自由になり、男女平等が実現に近づく。志計子は実学を指向していた。

(3)　福祉の心

志計子は生まれつき人への慈しみの心が厚かったが、さまざまなことを経験していく過程でその心は次第に高められ、思想的なものに結晶していった。すなわち、社会変動が生み出す弱者、敗者、差別されている人々に対する救済活動にも励むようになり、福祉の心、福祉の精神が強まっていった。

5　福西志計子の立志

(1)　立志—岡山裁縫伝習所入学

志計子は慶応2年（1866）17歳になると、井上助五郎を養子として迎え結婚生活に入った。福西家はようやく復興したのである。明治初年、藩士は秩禄公債を受け取ったが、これも生活を支えるには十分ではなく、あっという間に使い果たし、多くの士族の生活は困窮を極めた。福西家も同様であったと推定される。

明治5年に学制が発布され、高梁にも翌6年中之町に高梁小学校が設立された。しかしその時27歳に達していた志計子は、小学校に入学するには高齢になりすぎていた。しかしながら、教育指向の強かった志計子は別の機会を探していたが、岡山に裁縫伝習所ができたことを知り、先輩の木村静を誘って、明治8年に2人でその「岡山裁縫伝習所」に入学した。時に志計子は29歳、木村静39歳とともに晩学であった。

(2) 高梁小学校女紅場に就職

9年7月学業を終えた2人は高梁に帰省したが、タイミングよく、同年10月に高梁小学校に新設された「女紅場」の教員となった。女紅場は翌10年には高梁小学校付属裁縫所と名称を変更した。志計子は木村静と共にまことに幸運に恵まれて、高梁小学校付属裁縫所の教員となった。

6 福西志計子の思想と実践―ナイチンゲールの伝記を読む

(1) 福西志計子の思想形成

彼女は7歳で父を失い、母の実家で養育される悲運に見舞われながら、女性であっても職を身に付け、家族の危機に臨んでは一家を支えて働く必要があることを身をもって悟った。そのためにはまず読み書きの能力を持つ必要がある。その思いにかられて、当時としては女性には閉ざされていたはずの隣家の「山田方谷」の門をたたかせたのである。幸い入門を許された志計子は、ここで漢学の句読を受けたとされているが、その修学がどの程度まで進んだかは明らかでない。それは時あたかも幕末動乱の時期にあたり、程なく明治維新が実現されると、多くの塾は学校制度（小学・中学）に統合されたからである。しかし、平成17年に出版された山田方谷顕彰会『入門　山田方谷』には、福西志計子を山田方谷の門下生の一人と位置付けている。ともあれ福西は方谷門下に学んで、漢学の中級程度の教養を身に付けていたのであろう。この漢学の素養が福西志計子の生き方を方向づけ運命づけることとなった。

その福西が明治維新以降の文明開化の進展のなかで、どのような思想を抱いていたのであろうか。高梁の神崎竹代は、昭和3年に出版された「歿後三十年に当り　福西先生を偲びて」の中で、次のように述べている。

（前略）先生は独立心のある意志の強い、正義を行う人で、同情心あり、勇気ある愛に満ちたお方でありました。又非常に御器用なお方で、何一つでも出来ないことはなく、又お手早のことといったら、人の二人前も三人前もお仕事の出来る方でした。其上に時間を大切になさるといったら、少しでも無駄になさらないで話をなさる間も手仕事をして居られました。又、先生は先見の明があり、終始世の文化に心ざし、明治5、6年の頃から、女子の覚醒という事を申され、女子も男子も変わりはない、教育がわるいのだから女子教育が大切だ。必ず生活の出来るだけは心得て居なければいけないといって、ミシンが当地へ参りましたのも先生が一番に求めになり、洋服類の製法を教えて下さいました。私は明治3年の頃から長年先生のお膝元で教えを受け、また二度目は明治22、23年頃の女学校で御教授を受けました。誠に御親切で親も及ばない程、萬事に御世話して下さいました。其の上に神様を信仰することの出来ましたのも先生の御指導でございます。（後略）

このように、明治3年頃から長年福西女史の身近にいた神崎竹代さんの証言によると、福西女史はすでに明治5、6年頃から、①人間の資質は男女平等であることを確信し、②現実に女子が男子に劣るのは、教育を受ける機会に恵まれてないからだ、③そこで女子の覚醒がなによりも重要だ、④家族の生活を支えるためにも、また一人の人格としても、女子も職業を持つことが大切だ、との思想を抱いていたことが推察される。

筆者は最初、福西志計子の「男女平等」と「女子教育の重要性」という理念は、明治12、13年のキリスト教との出会い、ことに新島襄の講演から得られたものと考えていた。しかし神崎竹代の証言によれば、志計子はそれ以前の明治5、6年頃にはすでにその理念を抱いていたことは明らかである。志計子の「女子の自立」と「女子教育」の思想は内発的、独創的なものであったのだ。したがって、志計子が前から持っていた考えが、キリスト教の神の前での人間の平等、女子教育の推進論と出会うことによってそれが爆発的に発展したものと考えられる。

このことによってはじめて、最初の明治12、13年のキリスト教の伝道の会場が、なぜ高梁小学校付属裁縫所で開かれたかという謎が解けるような気がするのである。何かやっかいなことが起こりそうな「風俗改良演説会（実はキリスト教の伝道）」を引き受けるところは福西志計子の付属裁縫所しかなかったのだと筆者は推察している。福西志計子はここでも勇気ある婦人であった。数年前まで邪教とされたキリスト教の伝道に会場を提供する勇気ある人は、福西志計子しかいなかったのである。彼女こそ真の勇者であった。

(2)　ナイチンゲールの伝記を読む

昭和27年12月10日「順正女学校発祥の地」の記念碑を建立した代表の中村順さんは「建

碑の由来」の中で、「先生は幼少の頃近所にお住いの関係から山田方谷先生の教化薫陶を受けられましたがその当時婦女子として讀書勉学に親しまれし事は珍らしき事でありました。其頃『ナイチンゲール』の傳記を読んで啓発せられまして将来女子教育の必要を痛感せられ岡山東京などに遊学して洋裁並に手芸等其他学科を勉強せられたのでありました。明治十四年十二月十日即ち今から七十二年前の今月今日この屋敷に於て順正女学校を創立して女子教育を始められました誠に紀念すべき日であます（後略）」と書いている。

ナイチンゲールはイギリスのダービーシヤー・リハーストの上流階級の家庭に生まれ、レディとしての教養を身に付けた。ところが17歳の時、神の召命を受け看護婦になることを決意したが両親に強く反対された。しかし彼女はドイツのカイゼルスベルトのディーコネス学園で看護法を学び専門職として看護婦となり、病院看護の世界に革命をもたらした偉人である。

福西志計子は、女性でも職業を持って人に尽くすことが神の召命に答える道であると考え、これを見事に実践したナイチンゲールの生き方に感動し、自分もこれに倣いたいと誓ったのであろう。「女性の皆さん、自立しましょう。自分の足で立ちましょう。それには職業を持つことです」というナイチンゲールの天からの声を聞いたのである。

このような確信をもって明治8年岡山の裁縫伝習所に入学した。

(3)　福西志計子の思想と行動

最後に福西志計子の思想と行動をまとめておこう。

①　男女は平等である

福西女史は20歳過ぎた明治維新の頃から、男女平等の思想を抱いていたと考えられる。理知的で怜悧な頭脳を持ち、しかも剛胆な意志と実行力を備えていた福西女史は、男性に対する劣等感がなく、男女は本質的に平等であるとの基本的な認識を保持していた。

ところが現実の社会は男性中心で、女子には教育の権利も十分には与えられることなく家庭の中でひたすら家長に仕える存在であった。

②　女性の地位向上を目指せ

男女平等の思想を持つ福西志計子は、男尊女卑の現実に対してこれを改善していく方法として「女性の地位向上」という方式をとった。これは女性解放運動のように現実社会の矛盾や不当性を攻撃し、改善を即座に実行するように示威運動や活発な宣伝活動に訴えるものではなく、その現実の改善のためには、まず女性自身の能力を高めることが先決であり、それによって初めて女性の地位を向上させることができるとの穏健な思想を持っていた。その点からみて、福西女史の思想と行動はきわめて穏当なものであった。

③　女子教育を推進する

女性の地位向上を推進するための手段は、女性にも男性と同様に教育の機会を与えることであると福西女史は考え、女子には寺子屋までと言われた時代に、隣に住んでいた碩学山田方谷の門をたたき教えを受けた。これは例外的な幸運であったが、このような漢学の素養があったればこそ、明治8年、29歳の時、岡山の裁縫伝習所に入所することができたのであろう。福西女史は女子教育の推進を明治8年という早い時期に、我とわが身において実践したのである。

④　自立のために女性も職業を

福西女史は単に女子に技能教育を与えるだけでなく、女性も職業を持ってよいし、少なくともいざという時に職に就くことができるように、かねて準備しておく必要があるとの思想を持っており、自らこれを実践した。この頃読んだナイチンゲールの伝記は自己の思想の正しさを確信させる働きをした。明治9年に高梁小学校に設けられた女紅場の教員となり後には私立裁縫所を立ちあげてその職に生涯を捧げた。当時、裁縫という技能は女性にとって最適の職能であった。職業としても成り立ったし、内職の形をとって多くの女性が裁縫で生計を支えた。順正女学校の生徒の裁縫の腕は確かとの定評があったが、これは福西志計子によって作られたものであり、河合久先生によって継承されて優れた伝統となったのである。福西女史は「女性に職業を」を実践したのである。

⑤　他人への慈しみを

福西志計子はこわい先生と言われることがあった。福西先生が生徒に規律を厳しく守らせたからである。しかし半面、生徒に極めて親切であったと語られている。福西女史の親切さは生徒達だけでなく、どんな人にもあまねく慈愛を注いでいる。16歳の留岡幸助にも17歳の山室軍平にも慈しみを惜しみなく与えている。山田方谷の理念とされる「至誠惻怛」を福西女史こそ全力をあげて実践したのである。

三章　備中高梁の近代化と新島襄のキリスト教伝道

――福西志計子の回心――

1　備中高梁の近代化

(1)　近代化の舞台

福西志計子はまさに幕末の尊王攘夷から明治新政府の文明開化政策への転換という大変動の時代が生み出した一代の女傑であった。明治10年頃になると伝統文化を蓄積していた備中高梁へ、西洋文明が怒濤のように流入してきた。ここに二つの文明が激突したのである。福西志計子はその激突によって生まれた混乱を見事に生き抜いた一筋の光明であった。

この二つの文明の激突が繰り広げられた舞台（備中高梁）の社会的状況には留意すべき構成要素が五つあった。

その一つは、備中松山に江戸中期から次第に蓄積されてきた教育文化の伝統（東洋思想）が存在し、福西女史もその系譜につらなる山田方谷の門弟であったこと。

その二は、備中松山藩は佐幕藩であったが、戊辰戦争以降は朝敵とされ、城下は追討軍によって占領されたため、士族も庶民も著しい屈辱と悲惨な困窮を経験した。このことが高梁の人々の一部に自由民権運動とキリスト教に親近感を抱かせる結果をもたらした。

その三は、福西志計子は自らの悲運に立ち向かうという原体験をもとに、山田方谷の私塾に入門しそこで培った儒学的教養に拠って、明治6年頃には「女子の自立による地位向上」とそのための「女子教育」の実践を目指す啓蒙思想を保持していたことである。福西志計子の思想は内発的、独創的なものであった。

その四は、明治維新後の文明開化政策に従って高梁にも西欧文明の中核をなすキリスト教が金森通倫、ことに備中高梁と宿縁のあった新島襄によって伝道されたが、その際福西女史が進んで会場を提供したことである。15年には高梁基督教会が設立され福西女史も受洗した。彼女はキリスト教婦人会のリーダーとなって活動した。

その五は、高梁の強い反キリスト教的雰囲気の存在である。高梁には各宗派の寺院が多く、仏教の盛んな土地柄であった。さらに藩主板倉家の先祖には、島原・天草の乱の際、幕府が差し向けた追討軍の総大将となった人（板倉重昌）がいた。彼は陣頭に立って勇敢に戦い戦死している。このこともあって、高梁にはキリスト教嫌いの雰囲気が強かったという。これが後の基督教会への迫害のあり方とも関係しているものと思われる。

このような社会的状況の中で二つの文明が衝突し大混乱が発生した。まず自由民権運動が起こり、同時に新しくキリスト教の伝道がなされて信者が生まれ教会が設立されたが、その反動として迫害が発生した。福西志計子はクリスチャンとなったがために偏見と迫害にさらされる中で順正女学校を創立したのであった。

(2) 近代化の三つの局面

備中高梁においては、西欧文化の導入には主に三つの局面が見られた。一つは政治の分野における市民の権利の獲得に向けての運動—自由民権運動であり、二つは西洋医学の導入、三つはキリスト教の伝道であった。

① 自由民権運動

まず政治の局面についてみると、明治政府は開明的な政策を採ったが、本来的に専制的な性格も内包しており、明治6年の征韓論の対立が決裂した後、その傾向が強まった。これに対して、反政府運動の側ではイギリスのスペンサー、フランスのルソーなど自由主義・民主主義思想の影響を受け、天賦人権説の立場から、人民の権利の擁護と拡大を目指し、憲法制定、国会開設を要求する運動が起こった。これが自由民権運動である。

岡山県の中川横太郎は自由民権運動の先駆けであり、板垣退助とも親しかったが、明治11年9月、大阪における愛国社再興大会には岡山の代表として出席している。しかしそれ以降、岡山の自由民権運動は愛国社路線から離れて、独自の道をたどることになる。内藤正中によると「非愛国社—県議路線」へと変化したようである。この路線は、県会から国会へという運動を展開して「県議連合なり県議主導による請願の大衆運動」へとその性格を変えていった。

次に備中高梁についてみると、岡山県の民権運動が柴原宗助等によって備中へと影響を及ぼした。民権運動の動きに応じて各地に結成された結社の一つが高梁の「開口社」であり、柴原宗助はその代表者であった。柴原宗助は明治12年2月、備中上房郡選出の県議に選ばれ、民権派のリーダーの一人として活躍した。県会の自由民権派は県知事と鋭く対立し、その不満から県議主導の国会開設請願運動に向かったが、この運動の先頭に立ったのが県会議長の坂田警軒と柴原宗助であった。しかしその後「開口社」は政治運動から、高梁への西洋医療技術の導入とキリスト教の受容のための活動へと変質していった。

②　西洋医学の導入

「岡山県当局」は西欧近代医学の積極的な普及指導とともに、西欧近代文明の普及を目指していた。次に「高梁側」も自由民権的な啓蒙・近代化の指向に基づく西欧文明の導入を希望し、医療分野における技術の導入も高梁の近代化の重要な一部と考えていた。さらに岡山に設けられた宣教師の「ミッション・ステーション側」でも、県当局の医療近代化路線とミッション・ボードの医療伝道路線を一体として推進しようと企図していた。

J・C・ベリーは高梁の仮診療所に毎月第2水曜日から3日間、出張してきて診療を続けた。

地元の受け入れ役として、医師の赤木蘇平と柴原宗助が大きな役割を果たしている。ベリーの仮診療所は、やがて私立高梁病院となる。これは当時、岡山の県立病院につぐ設備の整ったものであった。

③　キリスト教の伝道

明治11年11月、岡山以西のキリスト教伝道の拠点として設けられた岡山のミッション・ステーションは岡山県下の各地に宣教活動を行っていたが、明治12年6月、同志社を卒業した金森通倫は、設立されたばかりのミッション・ステーションに牧師として赴任することになった。彼は牧師就任以前から岡山各地へ布教活動に従事していたが、12年10月4日から3日間、初めて高梁に伝道する機会を得た。これを可能にしたのは、柴原宗助が学習啓蒙活動を目的として高梁において結成していた「開口社」の招きであった。

この招きに応じて、岡山から中川横太郎、ベリー、金森通倫等が高梁を訪れ、高梁小学校付属裁縫所において最初のキリスト教の説教を行ったのである。それは「風俗改良演説会」と題しキリスト教の説教と自由民権運動の演説の合同集会であった。

金森通倫は、その後高梁へ定期伝道を続けた。そこへアメリカ帰りの宣教師で同志社英学校の創立者であり、備中高梁とは深い宿縁のある新島襄が明治13年2月17日から3日間訪問して講演したわけである。

高梁の近代化は、自由民権運動と西洋医学の導入およびキリスト教の伝道が同時に進行した。近代化の三局面のうちキリスト教の伝道だけが高梁に大混乱をもたらした。

2　新島襄のキリスト教伝道

(1)　新島襄の人となりと軍艦操錬所

新島襄は、上州（群馬県）安中藩の下級武士の子として天保14年（1843）旧暦1月14日江戸屋敷で生まれた。上州安中藩の板倉家は備中松山藩の板倉家の分家で、両藩は親戚関係にあり、両藩の江戸藩邸においては藩士の間にも親しい交流があった。

幼名を七五三太《しめた》と称した。父は藩主の祐筆役であったが、家でも書道を教えていたので、絶えず子ども達が出入りし、学問的な香りが漂っていた。七五三太は5歳の正月から父に習字と論語を学んだ。

10歳になると藩の学問所にあがり、中国の古典を学んだ。その年の6月、ペリーが4隻の軍艦を率いて江戸湾深く入って来たため、世論は沸騰した。そこで幕府は国防の重要さを悟り、これまで禁じていた各藩の大型船舶の建造を許したが、軍艦の建造には西洋の進んだ科学技術を取り入れるほかに道はなかったし、そのためにはまず外国語を学ぶ必要に迫られた。

13歳の時、藩主に仕えることとなり、祐筆補佐を命ぜられた。しかし15歳の時には可愛がられていた家老の尾崎と漢学の師添川廉斉が死去したため、耐え難い悲しみを体験したが、これを克服するため備中松山藩士で江戸藩邸の学督を務めていた川田剛の塾に入門し、漢学を学んだ。この時、備中松山藩と深い縁が結ばれたのである。川田剛は後に松山藩で外国船を買うことを建言し、横浜で購入交渉に携わり、快風丸を購入した。そして後に新島がその快風丸に便乗して箱館に渡る際にも、川田はその援助をした縁がある。

その後、新島は藩主板倉勝殷《かつまさ》の護衛を命ぜられた。しかし七五三太はこの役に満足できなかったので、家老の横井三左衛門に相談したところ、護衛役をとかれ、幕府の軍艦操錬所に入ることを命ぜられた。

藩主の命令により幕府の軍艦操錬所に入ったことが新島の人生の転機となった。彼はここで基礎的な科目として代数、幾何、微積分などを学び、測量学、航海学などの実学も学習した。

ここで3年近い間勉強したが、途中で眼病を患い、やむなく操錬所を退所した。しかしここでの経験は海外への関心を強めただけでなく、外国船の優秀さを知り、その技術を修得するためには外国で学ぶのが最もよいと考えるようになり、海外脱出の意志をひそかに固めるようになったからである。その具体化の第一歩は、備中松山藩の洋式船「快風丸」に乗船することによって始まった。

(2) 快風丸と新島襄

備中松山藩は勝静が藩主になる前から大きな財政赤字を抱えていたが、元締役の山田方谷の財政改革によって藩財政が豊かになると、藩では西洋の帆船を購入し国内貿易を始めたいと考えるようになった。その折、松山藩の江戸藩邸の督学兼吟味役の川田剛と国元の三島中洲の建議が山田方谷の許しを得て実現することとなり、江戸吟味役の三田龍之助、谷宗右衛門、川田剛が購入の交渉に当たった。この船は二本マストの帆船で350トン、木骨に鉄板を張り付けた船であったが、大砲2門を備え付けた小さいながらも軍艦であった。

松山藩では購入した「快風丸」を江戸から国元の玉島まで廻航するため、幕府の軍艦操錬所で航海術を修めた安中藩の新島襄に乗船してもらうことを要請して来た。藩主の許しを得て、新島は初めて実際に軍艦快風丸を操船して備中玉島へ向かった。途中で強風に遭ったりしながらも無事に玉島港に着き、松山を訪ねて松山城にも登り、再び江戸に帰着したのは3カ月も経っていた。

(3) 快風丸にて箱館へ

英語の学習を進め、キリスト教に関心を持ち、また洋式帆船に乗って航海したことによって自信を持つようになった新島は、次第に日本を脱出してアメリカへ渡りたいという途方もない冒険を夢ではなく現実の目標として抱くようになり、その意志は次第に強固となり抑え難いものとなっていた。

そのため、開港場のある町へ行きたいと願っていた。当時、開港場は、長崎、神奈川、箱館の三つであったが、長崎はオランダ貿易の町で望ましくなく、神奈川は江戸に近く警戒が厳しく困難であったから、箱館が最適と考えられた。

そんなある時、新島は江戸の街中で偶然快風丸に同乗した松山藩士と遭遇した。その藩士は快風丸が4、5日の間に函館に向け出帆するが、彼に箱館に行く意志はないかと聞いた。日本脱出のためぜひとも箱館に行きたいと考えていた新島は、またとないチャンスと喜んで同乗したいと頼んだ。松山藩士達は新島を乗船させるため、松山藩主の許可だけでなく、安中藩主の許可まで取ってやった。こうして新島は箱館に行き、機会を狙っていたが遂に幸運をつかみ外国船に紛れ込んで日本脱出に成功したのである。

(4)　新島襄の同志社英学校

日本脱出に成功した新島はアメリカのボストンに着き、船主の助力によってまずアンドヴァーの高等学校に編入学して、1年8カ月後に卒業し、続いてアーモスト大学に進み、3年後に卒業して理学士の称号を得た。そのあとさらにアンドヴァー神学校に入学し、4年後にそこを卒業して按手札を受け正規の牧師の資格を得た。こうして明治7年11月26日10年ぶりに日本に帰国した。

新島が国禁を犯してアメリカに向かい、そのアメリカで大学に学び、さらに神学を修めたのは、封建制度によって腐敗した祖国日本を精神的に再建するためであった。しかも、それを実現する道はキリスト教を基礎とする「教育」を通してであった。そのような目的の実現は、国立では不可能で、どうしても私立学校を設立する以外に方法はなかった。そこで新島は明治8年京都に「同志社英学校」を設立した。

その意図は①近代日本国家の建設には新しい教育制度の確立が必要、②国家イデオロギーに基づいて設立された国立学校のほかに、より普遍的な建学の理念をもち、自主自立の精神を持った人間を養成する私立学校の設立こそが急務、③その目指すところは高い教育を受け、深い知識を備えると同時に、品性の高い人たち、すなわち「一国の良心」ともいうべき人たちの養成であった。

(5) 岡山のミッション・ステーションと高梁伝道

岡山でのキリスト教の布教がなされた契機は明治8年岡山県の衛生行政の責任者であった中川横太郎の尽力によって、神戸のアメリカン・ミッションボードの宣教師ティラーが岡山県立病院の顧問、医学教師として招かれたことであった。ティラーは明治8年4月、中川氏宅で最初のキリスト教の説教を行った。これが岡山への布教の拠点づくりの出発となったのである。その後、宣教師や同志社の学生たちが熱心に伝道を行うようになった。9年12月には、ティラーが金森通倫を伴って岡山に来訪し漢学塾で伝道集会をもったが、10年5月には、アッキンソンが小崎弘道、横山円造を伴って岡山を訪ね、説教会を開いた。

このころ神戸のアメリカ・ミッションボードでは、九州・四国・中国地方の布教の基地としてのミッション・ステーションを開設することを企図していたが、明治11年ごろまでに岡山で布教活動が活発になったので、明治11年11月に岡山ステーションの開設が実現した。同志社学生として度々岡山に来て伝道に努めていた金森通倫がステーションの牧師となった。続いて13年には岡山基督教会が設立されている。

(6)　金森通倫等による高梁への伝道

明治10年代には岡山県にも各地に結社が生まれたが、これは経済問題の学習に加えて、地域住民を啓発する役割を果たし、やがて自由民権運動に発展した。同じ頃に高梁にも「開口社」が創られた。これは自由民権、国会開設などの政治運動とともに、広く西洋近代の文明と思想・技術の導入を目指したもので、明治前期の高梁における近代化の嚮導者的役割を果たした。そのメンバーには柴原宗助、赤木蘇平、赤羽子良、二宮邦次郎、清水勘一郎、大関隼太、渋川猛夫、富気立彦、上原信重などが属していた。

この結社は明治10年7月に結成され、早速演説会を計画したが、折悪くコレラが流行したため延期のやむなきに至った。

自由民権の運動体としての開口社は、同時に西洋思想と医療技術の導入をも意図していたが、明治12年の秋、開口社が岡山から中川横太郎、J・C・ベリー、金森通倫を高梁に招待し、講演会を開いたことによってこの意図が現実のものとなった。10月4日から3日間、高梁小学校付属裁縫所において、医療宣教師ベリー、金森通倫、中川横太郎が最初のキリスト教の説教を行った。その内容は「風俗改良の主旨にそってキリスト教の真髄を説く」というものであったと言われている。最終日の6日には午後6時から開口社の演説会が開かれ、大本、赤羽、二宮氏が壇上に立って演説し、最後に岡山の谷川達海が国会開設論をぶったという。

(7) 新島襄の高梁訪問とキリスト教伝道

この高梁へのキリスト教の初の伝道がなされてわずか3カ月しか経っていない時期に、組合教会系の日本における地方伝道の最高責任者であり、権威であった新島襄が明治13年2月17日から3日間、高梁をキリスト教伝道のために訪問した。新島にとって高梁訪問は二重の意味で感慨深いものであった。一つには新島の箱館行き、したがって日本脱出を可能にしてくれた親しい友人がいる高梁は、親類を訪ねるようななつかしい旅であった。実際、松山城にも登り、快風丸の船員加納格太郎と旧交を温めた喜びは、彼の『書簡』の中に残されている。二つは自ら最高の責任者として、キリスト教の伝道がこの因縁浅からざる高梁において実現したことの無上の喜びである。

3　新島襄の講演と福西志計子の回心

明治12年10月、開口社の招きで中川横太郎、金森通倫等が初めて高梁でキリスト教の説教を行ったが、続いて13年2月には高梁とは宿縁のある新島襄が高梁を訪れ、旧交を温めるとともに、キリスト教の演説を行ったのである。

その会場は福西志計子の勤める高梁小学校付属裁縫所であった。高梁町には講演会の会場として外に適当な場所がありそうに思われるのに、何故、付属裁縫所であったのか筆者は疑問に思うものである。それはたぶん福西女史が前年10月の金森通倫等によるキリスト教の説教に感銘を受けたため、今回の新島襄の説教には、福西は最初からさらに積極的に会場運営に参加したものと思われる。

そして、新島襄が講演を行った。ここで全文を掲げておこう。

「日本の国が富国強兵でないのを心配する必要はありません。それよりも第一に『文明の基』を立てることこそ心配すべきです。外国人がわが国を軽蔑している、と怒る人がよくいますが、それは転倒した考え方です。もし一国にしっかりとした基礎があり、国力も優っていれば軽蔑されることはありません。

その場合、ちょうど同じ重さ同士ならば秤が均衡するように外国と対等にやっていけるからです。均衡を得ようと思うならば、まず自分の国の重さを増す努力をすることです。家を建てるのに土台が必要なように国の場合にも基礎をしっかりと据えるならば、自由が得られ文明も期待できるのです。

それでは文明の基はどうしたら立てることができるのでしょうか。

まず神を知ることです。神を敬うことは知の第一歩なのです。神を知り、敬い、畏れ、そして信じ、愛することが人間にとってもっとも大切なことです。それが欠けると人間は迷いに陥り、あるいは物質の奴隷となり、決して自由人となることはできません。キリストは『あなたたちは真理を知り、真理はあなたたちを自由にする』（ヨハネによる福音書8・32）と宣言されました。すなわち『私が自由にする者は真の自由を得る』と言われたのです。まさに、キリストは真理です。

ここにいう『自由にする者』とは、神を信じ、天命に従う者のことをいいます。人は天命に従って、初めて自由の民となり、その後真の文明の域に達することができるのです。さらに、ついには富国強兵をも現実のものとすることができます。

例として、ピューリタン〔ピルグリム・ファーザーズ〕の場合を取り上げてみます。彼らが信仰の自由を求めてヨーロッパからアメリカ大陸に渡った時にまず建てたのは教会と学校でした。そしてイギリスとの独立戦争では、レキシントンでもコンコードでも勝利をおさめることができました。

このように人は天命を知る時、物事を恐れなくなるのです。また天命に従うということは、神の規律に従うことであり、神のみ心を行うということです。神の規律を守ることにより人は初めて自由人となり文明の民となることができます。

なぜならば、神のみ心を行う人は必ず人を広く愛し、人のためになることは喜んで何でもいたします。力で人を制したり、威勢をふるって人を脅したりはしません。その人は自分では強者であるが弱者を助け、知識豊かであるがそれを鼻にかけず、自身高貴であるが謙虚です。また富んでいてもおごらず、身分が低くても卑屈でなく、貧乏でもむさぼりません。

さらに他人の暴言を甘んじて受け、また他人の無礼な振る舞いをもよく許し、人のために惜しげもなく時間を使い、神の義を死ぬまで求めてやみません。もしこの地点まで達した人がいるならば、その人を『君子』と呼ぶべきでしょう。このような君子はどんな村にもどんな町にもいるはずです。彼らは人のために率先して働きます。

次に日本に文明の基を築く第二の道を考えてみたいと思います。それは日本人を改良すること、すなわち人心改良をすることです。それにはなんといっても教育が重要です。今や1日もゆるがせずにせず、教育によって人心改良に取り組むことこそが、国を盛んにするうえで一大急務です。

この急務を果たす際に注意すべき事は、次の点です。すなわち、脅えることなく自由の心を待ち、見識と愛情をもった女性が育っていないところにこの国の深刻な問題があることです。

教育、なかでも女性が抑圧されてきたこの国では女子教育を充実させることが必要です。昔文王の母は悪しき風俗を注意深く避けて胎児を育てました。孟母は、子育てのために三度も転居して孟子を教育しました。このような母のもとですぐれた人物が生まれたのです。

自分の子を教育するのに誰が卑屈な女性や教師に託すでしょうか。人にへつらうような卑屈な教師に預けたがる親はいません。また奴隷のように自主性のない女性にわが子を託す親もいないでしょう。卑屈の悪循環を断ちきり、日本を文明化するためには男性はもちろん女性に対してもキリスト教に基づいた教育を充実させることがなによりも急務です」

この講演は福西志計子がこれまで育ててきた信念体系を全面的に肯定し勇気づけるとともに、さらに発展させるための気力を与えるものであった。こうして福西志計子はキリスト教を感動をもって受け入れた。ここに福西志計子の「回心」が起こったのである。

演説の核心は、神の前における人間の真の自由、自主独立、人間の平等である。しかるに現実には階層においても不平等であり、男女の間にも差別がなされている。そこで女性の地位を向上させるためには教育が必要となる。

新島の熱意あふれる演説は、福西志計子が生来育んできた①人間の資質は男女平等、②女性の能力が現実に男性より劣るのは教育を受けていないから、③そこで女子の覚醒が必要、④女性も技能を身に付けよ、という思想に火をつけあおり立てる結果となった。この講演は多くの聴衆に強い感動を与え、高梁の一部の人の中にキリスト教が受け入れられていった。福西志計子もその重要な一人であった。

その結果、高梁の信徒の間には次のような事態が生まれた。

①　明治13年2月　風俗改良懇談会結成
②　明治13年2月　キリスト教婦人会結成

③　明治13年4月　高梁小学校教諭二宮邦次郎の同志社英学校神学速成コース入学
④　明治13年7月　安息日学校（校長柴原宗助）の開設
⑤　明治14年4月　高田敬三郎、荒尾信義、大森英信の同志社神学速成コースへの入学
⑥　明治14年12月　福西志計子・木村静により私立裁縫所の立ち上げ
⑦　明治15年4月　高梁基督教会の設立

このように、金森通倫と新島襄によって伝えられたキリスト教は、地域社会高梁の信念体系に大きな衝撃を与え、やがてキリスト教会を設立させた。この信念体系の大変動の中で福西志計子と木村静はキリスト教徒となり、私立裁縫所をつくり、順正女学校を創立したのである。

4　方谷精神に継木されたキリスト教

幕末から明治初期に洗礼を受けキリスト教徒となった人達には、戊辰の敗戦によって志を得なかった佐幕藩の出身の士族が多かった。福西志計子も木村静もそうであった。また彼らが入信しやすかったのは、日本の武士道とピューリタンの精神との間に親近感があっ

たからだと言われている。また新渡戸稲造は彼の『武士道』の中で新約聖書と陽明学の体系は極めて類似していると指摘している。さらに植村正久は「武士道に継木されたキリスト教」と表現している。このような見方に倣うならば、山田方谷門下で学んだ福西志計子の場合には「方谷精神に継木されたキリスト教」と言えよう。

福西志計子は方谷門下で身に付けた儒学的素養を基礎にしてキリスト教を受け入れたのである。福西女史のなかでは、方谷の理念「至誠惻怛」はキリスト教の「人類愛」と矛盾することなく、両者は融合していたのである。

朱子学者として出発し、山田方谷と同じく佐藤一斎（陽明学）に学んだ中村正直は中国にいた宣教師M・ウイリアムの「天道溯原」も研究している。儒学とキリスト教を比較すると、儒学の思想の中心は「敬天愛人」であり、これは創造主としての「神」と「隣人愛」をとくキリスト教と一致していると主張し、明治7年に洗礼を受けてキリスト教徒となった。彼はまた女子教育の重要さを強調し、順正女学校にも影響を与えている。

中江藤樹→熊沢蕃山（閑谷学校）→山田方谷という系譜の陽明学の門下に学んだ福西志計子がキリスト教徒となり「神」（天帝）と「隣人愛」（惻怛）を実践したことはむしろ自然の展開であったのではなかろうか。

四章　試練との戦い――福西志計子の生きざま

――私立裁縫所・順正女学校の設立――

1　キリスト教徒の受難と二人の教師の挑戦

(1)　キリスト教徒の受難

高梁小学校の教員であった二宮邦次郎は、明治12年10月の金森通倫牧師の高梁へのキリスト教の伝道以来、岡山基督教会の金森牧師のもとで信仰生活に入ったが、13年2月高梁における新島襄による講演を聞いた後、新島に向かって4月から同志社英学校の神学コースに入る計画を打ち明け、その推薦を受けて入学した。そして3カ月後の7月には高梁に帰って「高梁安息日学校」を設けたので高梁でも信者の活動が盛んになってきた。福西志計子はこれらの集会に最初から参加していたが、木村静とともに「基督教婦人会」を結成し、先に結成されていた「風俗改良懇談会」のリーダーとして活動していたため、高梁町民に注目されるようになっていた。

彼女等は風俗改良懇談会の会合を中之町の小学校付属裁縫所で開いたので、その活動のあり方が町議会で問題となった。町議会では彼女等の活動を風俗改良に名を借りたキリスト教の伝道活動であると断じて、規則に反する行動として非難した。

こうして福西志計子と木村静はキリスト教の信仰を捨てるか職を捨てるかの二者択一を

迫られたのである。二人は決然として信仰を守り教員の職を辞した。時に明治14年の7月のことであった。こうして彼女は第2の試練に直面したのである。

(2) 福西志計子と木村静の挑戦——私立裁縫所の設立

7月に職を辞した二人は、その年の12月10日、向町の黒野氏宅を借りて「私立裁縫所」を開設した。時に福西34歳、木村44歳に達していた。裁縫所教員の辞職を迫られ職を辞するという逆境をはね返して「私立裁縫所」を設立するという一大勇猛心こそが福西女史の本領である。彼女は第2の試練に挑戦して、大冒険を敢えて断行したのである。

『高梁基督教会120年史』によると、この私立裁縫所の開設にあたって、柴原宗助を中心にした画策と赤木蘇平、須藤英江、柳井重宣、小林尚一郎、石川豊次郎、清水質らが主な後援者となったとある。また高梁高校の『創立記念史　松籟』によると、蓑内鉱一郎（のち高梁町長・順正女学校長）清水質が助力し、設立委員として名を連ねたのは、福西志計子・柳井重宣（元県会議員・後の順正女学校長）であると記されている。

当時の生徒数はわずかに10人から30人ぐらいであった。1人の月謝が10銭から20銭であったから、月収はわずか2円を二人で分けるということもあったという。そこでこれを助けるため援助者たちは年間一人100円の拠金を3年間続けることを申し合わせている。

発足したばかりの裁縫所は、まだ学校としての設備も整備されていなかった。生徒は主として高梁小学校初等科卒業生であったが、次第に増加して、15年秋には90人に達していた。そこで教場を拡張するため福西は黒野氏宅を購入し、さらに私財を投じて教室用の建物を一棟建築した。こうして次第に私立裁縫所は基盤を確立していった。

2 高梁基督教会の設立

明治15年4月には信徒たちにとって待望の「高梁基督教会」が創立された。岡山教会の牧師金森通倫によって、柴原宗助、赤木蘇平など15名が洗礼を受けたが、その中には福西志計子と木村静も含まれていた。ここに二人は正式にキリスト教徒となったのである。受洗した信者15人の内訳は男性が8名、女性が7名である。最初の講演会場が「女の園」で、聴衆も主に女性であった為か高梁教会を最初から実質的にリードしたのは女性グループだったのではないかと筆者は推察している。そのリーダーが福西女史であったのだ。

教会と順正女学校は緊密な関係を維持してきた。高梁高等学校の『創立記念史　松籟』にも、生徒達は裁縫を学ぶ前にそろってまず聖書の講義を受けることを常としたとある。

明治17年には鳴海すず、河合久の二人が「私立裁縫所」の第1回卒業生として巣立っていった。こうして福西・木村という二人の女性が命をかけ不撓不屈の精神によって創った私立裁縫所は、やがて順正女学校へと発展する基盤を確立したのである。

3 教会への迫害と順正女学校の創設

(1) 迫害の二つの予兆

17年に高梁基督教会に対する迫害が起こったが、その前、14年7月と8月に予兆とみられる事件が起こった。

まず第1の予兆は、14年7月小学校付属裁縫所教員福西志計子・木村静の辞職事件である。これについてはすでに述べた。

次は14年8月、教会設立を目前にして自信にあふれた信者たちは高田氏宅でキリスト教質疑応答会を開いたが、そこに多数の住民が押し掛け、悪口雑言を投げかけただけではなく、その後、場所を移した二宮氏宅では砂石を投げ込んで大提灯を破るなど乱暴を働いた。

このような不気味な予兆にも臆することなく、15年4月26日高梁基督教会はめでたく設立され15名が洗礼を受けた。しかし信者や教会が精神的に昂揚すればするほど、熱心な仏教徒の多い周囲の地域共同体との緊張が高まっていく。

(2) 教会の発展とリヴァイバル

明治15年4月には念願の高梁基督教会が設立され、高梁教会は信徒18名で発足したが、第2代の森本介石牧師は積極的に布教を始めた。まず会堂を繁華街に移して青年会員と共に路傍伝道にも努めた。また婦人会を組織し学術講演会も開催した。そこで18人の信徒が翌16年には118人となり、17年には135人に達した。これは全国7位の教会員数であった。この時期の高梁教会の急激な発展は全国的にみても極めて稀な例である。

この時期は、全国的にもキリスト教の教勢が高まった時期であった。明治16年には京阪神地方の教会において、リヴァイバルが起こり、やがてこれが高梁にも波及してきた。

リヴァイバルとはキリスト教の信仰が非日常的に復興することで、例えば信者がお祈りの中で感情が高ぶり、霊感を受け「おののき震えて叫び声をあげる」などの体験をし、回心が起こる現象を意味している。高梁教会の祈祷会でも、感動のあまり震え叫ぶ者もあり、数々の奇跡が起こったという。

さらに翌17年春には同志社大学のリヴァイバルの影響を受けて、高梁教会の伝道集会においても第2回のリヴァイバルが発生した。集会を重ねるごとに信者の団結と「霊的経験はますます鞏固になり、ゆるぎなき巌の上に立つ」ようになった。そしてこれは教会がサポートしている順正女学校と病院へと拡大していった。

一色哲によれば、明治16年のリヴァイバルは、当初宣教主導の「伝道集会―中央」型であったが、17年の2回目のそれは、「周辺―辺境」に及んで「フロンティア―辺境」型になったという。高梁の信徒層は地域社会の周辺部分に広汎な基礎を確立してきた。そしてこの辺境型のリヴァイバルの爆発は、地域秩序を根本的に動揺させるものと受け取られるようになったのである。

リヴァイバルによる教会の活性化が地域社会の基本的な秩序に与えた衝撃こそが「迫害事件」を惹起せしめた主要因であった。

一色哲が正しく指摘しているように、高梁へのキリスト教の受容は文明開化の時代的風潮、アメリカン・ボード＝岡山ミッション・ステーション、金森通倫、新島襄の強力な伝道、柴原宗助、二宮邦次郎の熱烈な受け入れによって極めて順調に、ごく短時日のうちに成功した。そして教会の布教活動も好調に滑り出した。

しかしこの異文化の精神的昂揚が地域社会の核心をなす秩序を脅かすと地元民が感じた時、強烈な拒否反応が生まれたのである。その迫害のエネルギーは日本のプロテスタント史上最大なものであったといわれている。

(3) 第1の迫害

明治17年6月28日、岡山からケリー夫人が来高し、紺屋町仮会堂において聴衆200人を前にアコーディオンを演奏し、柴原、須藤両氏が説教した。ところが聴衆から罵詈雑言が湧き起こり、さらに土砂が会場に数回にわたって投棄された。そこにかもし出された不穏な雰囲気は大迫害を予兆するものであった。キリスト教会の順調な発展に対する地元の反キリスト教的感情が爆発し、そのような状況が次第に進行していったのである。

(4) 第2の迫害

17年7月6日は教会が最大の迫害に遭遇した悲しむべき日であった。その日、日没の頃になると仮教会の前に多数の人が集まり、また紺屋町筋から向町の順正女学校付近まで、児童15~16人が一隊となって反キリスト教の言葉を叫んで、物情騒然たる有り様となった。9時頃から赤木蘇平氏の司会で、讃美祈祷のあと説教を始めたが、群衆が川の両側を埋め尽くし、街道・小路に至るまで立錐の余地もないほどに集中して、罵詈雑言を投げかけ説教を妨害した。そのため、赤木氏は遂に説教を中止し、柴原氏が代わって壇上に立ったが、妨害はそのまま続いた。寺の太鼓を二個擔ってきて、これをたたきながら会堂の軒下で南無妙法蓮華経と題目を唱えて説教を妨害し、また大声をあげながら砂や小石を投げ入れた。

そこで止むを得ず警察官に来てもらったが、群衆は一向に退散せず、ますます気勢を上げ傍若無人な言動が続いた。そこで柴原氏も説教を中止し、祈祷讃美のあと閉会となった。

しかし群衆は増加する一方で、迫害はますます強まった。砂石を飛ばし、大石を投げ、さらに蛇や蛙なども投げ込んだ。洋燈や大提灯を破り、戸障子や木柵なども手当たり次第破壊して川へ投げ込んだ。まさに乱暴狼藉の限りを尽くした。その間にも暴徒は口々に、暴言をはいてはばからなかった。警察官はこれを見て、鎮撫するでもなくただ見ているだけであった。

それにもかかわらず信徒は誰一人としてこの挑発に乗ることなく「迫害者の為に頭を垂れて、神よ許し給え、知らざればなりと祈った」という。高梁の信徒はすでにそこまで品性を陶冶して来ていたのである。高梁教会員にとって、この夜の体験は自己修養の為の最善の機会であったと考えられる。

混乱はさらにおさまりそうもないので、大森英信は群衆の囲みを脱出して警察署に告訴した。またこの状況を見ていた広島県の人は放置できないと見て警察に届けたという。

森本牧師は知事に頼みに行ったりしないようにとの示唆していたにもかかわらず、元高利貸の石川という人が、岡山の金森牧師のところに事態の急を告げたところ、金森は驚いて高崎県知事に相談した。知事はキリスト教徒への迫害は国際問題になるからすぐに抑えよという指令を警察に出し、警部巡査4〜5人を急遽高梁に派遣した。警察は迫害の最中に現場に到着して、群衆を解散させてやっと収めたのであった。

(5) 第3の迫害

迫害はそれでも容易に収まらなかった。同年8月10日(陰暦7月15日)には、町内の一部の人達がキリストの像と称して藁人形を造り、これを持って町内を巡回した。いたずらもここまで来ると悪質さも度が過ぎているので放置しておけなくなった。

(6) 女学校の設立提案

8月10日には京都から藤田愛爾氏が高梁教会に応援説教に来られ、11日仮会堂において説教をしたが、迫害喧噪はほとんど前日と変わらず猛威をふるった。このように迫害が続いたので、知事の意向もあって警察署は教会員赤木蘇平、須藤英江の二人を呼んで事情聴取を行った。二人は警察に出頭して、当時の状況を詳細に説明した。

過去1年間リヴァイバルに続いての大迫害に対応するため、森本牧師の苦労は言語に絶するものがあった。牧師は遂に咽頭を冒され、9月26日休養することになり、越えて11月1日には遂に辞任された。教会は大いなる犠牲を強いられたのである。

(7) 順正女学校の創設

福西志計子がアメリカ合衆国で女子教育の創始者として知られるメアリー・ライオンの伝記を読み、強い感銘を受けたのはリヴァイバルの発生した明治16年のことで、志計子36歳の時であった。彼女が伝記を入手したのは、当時高梁教会の牧師であった森本介石を通じてであったと推測される。ライオンはアッシュフィールドとアーモストの学園に学んで非凡の才能を示したが、卒業後も学問への執念を捨てず、24歳になってから女子教育の権威として知名であったジョセフ・エマーソンのいるバイフィールドの学園に入学した。その後13年間教師生活を続けるうち、女性のための学校設立の決意を固め、計画に賛同する2、3人の紳士の助力を受け、1837年、40歳でマサチューセッツ州南ハードレーにマウント・ホリヨーク校（神戸女学院と深い交流関係がある）を設立した。

彼女の伝記を読んだ福西志計子は、「あの人は女子でありながら大学を創設したのであるから、私にもそれが出来ないはずはない」と揚言して、その日から日夜文学科を併置して正式の女学校を設立する方法の研究に没頭したと伝えられている。これこそ福西女史が凡庸の人物でなかったことの証拠である。福西志計子はライオンにならって女学校の創設を自らのコーリング（召命）としたのである。それは大迫害の真っただ中であった。

ところがその頃（16年）高梁の町には憂慮すべき雰囲気が醸成されつつあった。というのは翌明治17年には高梁基督教会に対する迫害が発生したからである。この迫害はプロテスタント史上最大のものと言われるもので、牧師森本介石は健康を害して辞任したことからも、その事態がいかに深刻なものであったかが推察される。

福西女史は明治維新後という狂乱動地の真っただ中で迫害（第3試練）を受けながら、女学校の創設を断行したのである。彼女はまさに不撓不屈の信念の人であった。

福西女史は明治17年8月京都から高梁に応援伝道に来ていた藤田愛爾の懐に飛び込んだ。そして女学校を作りたいという熱い思いを単刀直入に訴えた。藤田は同志社女学校の校長であった。福西女史の熱意に感動した藤田はその案に直ちに賛同した。福西女史は次に藤田先生を伴って森本介石牧師を訪ね、女学校創設の企てを相談した。森本牧師の賛意を得た彼女は、次に岡山教会の牧師金森通倫に話し賛意を勝ち取った。森本牧師と金森牧師の賛意を確認した後、ただちに裁縫所の設立委員会に「女学校設立案」を提案し、審議に付した。設立委員会では様々な審議の末、満場一致で女学校の創設案が承認された。

関係者の賛成を得た福西女史は直ちに具体化に乗り出した。岡山の金森通倫牧師は文学科を担当する教師を獲得するため、同じ日本組合教会系の神戸英和女学校（後の神戸女学院）を訪ねて高梁に新設する女学校に赴任してくれる教師を求めたが、一人の教師を得ることは困難を極めたと記録されている。金森牧師や森本牧師の苦心惨憺の努力の甲斐があって、ようやく11月になって神戸英和女学校から「原とも」先生を招聘する約束ができた。原先生は12月下旬に来高したため、翌18年1月7日付で文学科を加えて「順正女学校」が発足した。こうして福西女史の命がけの熱い想いは遂に実現したのである。

ところで当時の中等学校の普及率を見ると、全国の中学校107校、女学校は9校にすぎなかった。順正女学校は全国9校の1つであり、岡山県下最初の女学校であった。岡山市に私立山陽英和女学校が設立されたのは2年後のことであった。高梁川流域に女学校ができたのは、組合立春靄高等女学校（後の総社高校）が大正6年、町立新見女学校（後の新見高校）が大正7年、町立成羽高等女学校（成羽高校）が大正15年のことである。また高梁に県立中学できたのは、順正女学校創立から10年後の明治28年のことであった。

これらの事実を考え合わせると、明治18年1月という早い時期に私立順正女学校が高梁に創設された事実が如何に瞠目すべき偉業であったかが理解されるであろう。

4　国家による圧力と教会からの自立

⑴　キリスト教会からの支援

明治14年12月、福西女史が私立裁縫所の設立にあたって、これを強力に支えたのは柴原宗助はじめ高梁基督教会員であった。同様に明治18年の順正女学校創設にあたっても、金森通倫岡山教会牧師の文科担当教員探しの努力など、教会からの全面的な支援を受けたところから学校と教会との関係は従前にも増して緊密なものとなり、一時期教会付属の学校となった。そこで町民の中には、順正女学校を伝道学校と非難する人もいたという。

しかしながら学校と教会がいかに密接なものとなっても、福西女史としては順正女学校をキリスト教の伝道を目的としたミッションスクールにしようとする考えがあったわけではなかった。同窓会誌『園の音信』（2号）には次のように書かれている。

世の中の人が今日に至るまで、順正女学校のことを宗教学校だと言うのは、創立者の福西志計子がキリスト教を信じたあと学校を設立したからです。創立者がキリスト教に力を得ていることは誰も疑うことはできません。女子教育の必要をもっとも深く、しかも早くこの山村僻地において感得することができたのもキリスト教の中に女性尊重の思想があるからです。しかしながら創立者は入学した生徒を一人残らずキリスト教徒にしようとしたのではありません。そのことは在学の生徒たちは言うに及ばず、卒業生の中にも信徒になった人は少数にすぎないことが証明しています。

学校と教会の関係が緊密にならざるを得なかった理由は、まず順正女学校の創設者と高梁基督教会が信仰を同じくしていること、次に経営上の支援を受けていること、第3に世人のキリスト教に向けられた偏見に対抗して共同で防衛するため、というところにあった。初代の学校長は教会員の中核であった柴原宗助であったし、学校の発足と同時に財政的支援策の一つとして「一銭講」と名付けられた組織をつくり、信徒を中心に資金協力をあおいだが、これは明治39年まで続いている。

(2) 国家の宗教・教育の分離策による圧力

しかし時代の風潮は次第に国家主義的色彩を濃くして来た。すなわち明治19年の学校令が施行されることによって、教育にも国家主義が浸透して来た。明治21年は憲法制定の前年でもあり、特に教育と宗教の分離論が盛んになった。こうして福西女史は第4の試練に立たされた。このような時代の流れに抵抗することはほとんど不可能であり、もし強行すれば廃校という結果をもたらすことは明らかなことであった。

(3) 学校と教会の分離

こうして明治21年、教会と学校は分離することとなった。『園の音信』（2号）には次のような記述がある。

明治21年11月になると、教育と伝道とが混同され易く、或は故意に之を混同して議論する人もいて、これは学校にとって損害を受けることもあることが明らかになった。また財政上からみても教会事業と教育事業は截然と区別する必要があるので、分離することとなった。勿論これまでも教育方針は制約されることなく自由な所見を持っており、別に世俗の風潮に媚びようとしたのではないことは創立者の信念からみても明らかなところである。

こうして順正女学校は教会とは明確に分離された。しかし福西女史は学校活動からキリスト教を排除することはしなかった。公立学校の教職を捨てても守り通した熱烈な信仰を持つキリスト教徒であった福西女史にとっては、キリスト教的人間観こそ女学校教育の最善の基盤であると確信していたからであった。伊吹岩五郎も次のように述べている。

しかし福西女史は到底女学校より基督教を廃絶することは出来ませんでした。女史の生涯は家庭中心ではなく、むしろ事業中心でした。もし事業中心だとすると、その動機は宗教にあることは疑い得ないことであるから、女史は基督教と女学校を結びつけようとしていたことは当然のことである。

福西志計子は金森通倫や新島襄の説教に感動してキリスト教に入信し、基督教婦人会を結成し、希望に燃えて信仰活動に入ったが、程なく厳しい試練が襲ってきた。公立学校教員が学校において宗教活動をすることは許されないという理由であった。しかし国家が文明開化の政策によって西欧の制度・文化・宗教を受け入れている時に西欧文明の中核をなすキリスト教を信ずることが小学校教員のあり方と矛盾する筈はないとの確信を福西志計子と木村静は持っていた。二人は「千万人と言えども我征かん」の決意に燃えていた。そこで二人は学校を辞職したものの、すぐ私立裁縫所を設立したのである。

次に、明治16、17年の教会への度重なる迫害の中で、福西志計子女史はメアリー・ライオンの自伝に触発されて「女学校」の創設を決意し、担当教員を探して順正女学校を実現した。

このようにみると、福西女史の行為には、何度も、悲劇をむしろバネにして新しい事業を創造するという一大勇猛心があったと思われる。彼女は何度もピンチをチャンスに変えることのできる不思議な能力（カリスマ）を持っていたことがうかがわれる。ここに福西女史の偉大さがあったといえよう。順正女学校はそれによって生まれたのである。

伊吹岩五郎先生は「明治28年の或日、福西先生が現在の創建碑のある前、あのかきの辺りに立って校舎を眺め、言われたことがあります。『どうしてこんな建物が出来たのでしょう。全く神の御助けと人様の情です』其時の先生を忘れることは出来ません。我なく固く全く感謝の念のあるのみでした。人間美しき極みは何でしょうか。神の愛を真実に体得し人の情を本当に味うたる時でありますことを、私（伊吹）は誠実に知り得るのであります」と述べています。

これこそ福西志計子の真実が吐露されたものであり、志計子の生涯の中で最も美しいシーンであると筆者には思えてならない。

五章　順正女学校の教育理念と教育体制

本章では主に高梁高等学校『創立記念史　松籟』を利用しながら、順正女学校の教育理念と教育体制について述べてみよう。

1　順正女学校の教育理念とその修正

(1)　教育理念

福西女史自身は建学の理念について書き残していないため、推察する外はない。先に述べたように、福西志計子は明治12年10月「開口社」の招きによって初めて高梁に訪れた岡山の金森通倫等によるキリスト教の説教を聞いて、キリスト教の人間愛、自由と平等観に心を動かされ、さらに翌13年2月新島襄の「女子教育の重要性」を説いた演説に感動して神に捉えられた。そしてすぐ基督教婦人会を結成してそのリーダーとなり、活躍した結果、町議会から非難追及された。福西志計子と木村静は信仰か教職かの二者択一に迫られたが、二人は信仰を守って14年7月教職を辞したが、12月には逆に「私立裁縫所」を立ち上げた。15年4月には高梁基督教会が設立され、15名が洗礼を受けたが、福西志計子と木村静もその中に入っていた。このように福西志計子は熱烈なクリスチャンであったから、順正女学校の理念は「キリスト教的人間愛」、「女子教育の重視」にあったことは疑いの余地はない。

順正女学校の同窓会誌『園の音信』36号には、福西の建学の精神として「キリスト教的人道主義」、「東洋的婦道主義」、「実際的家政主義」の三点が挙げられている。しかし『創立記念史　松籟』の論評によると、これが書かれた昭和11年頃は国体明徴を強調して国史教科書の改訂が行われた年であり、特に東洋的婦道主義を鼓吹したときであったから、東洋的婦道主義を福西精神とするのは疑問としている。

しかしながら福西は山田方谷に学び儒学の素養があったこと、また明治27年の新築趣意書の中にも「日本婦女の貞淑の風俗」の尊重と述べられている点、さらに臨終のきわに卒業生や生徒に「身を過って順正女学校の名を恥ずかしむるなかれ」と言い残していることを考え合わせる時、「東洋的婦道主義」は福西の精神であると筆者は考えている。

① キリスト教的人道主義――人間愛

順正女学校の建学の理念の第1は人間愛である。それは一般的な隣人愛にとどまらず、虐げられた者へ注がれる無限の愛情である。福西自身が敬虔な信者であり、高梁基督教会の支援を受けていたこともあり、学校で生徒も聖書を読み「人間愛」の重要さを聞かされていた。高梁出身の牧師で後に社会事業の先駆者となった留岡幸助の妻夏子も順正女学校に学んだし、夏子の死後、後妻となった菊子もまた順正女学校で「福祉の心」を学んだ卒業生であった。また、岡山孤児院を始めた石井十次も妻品子を順正女学校に学ばせている。このように順正女学校は福祉事業の従事者を多数育てている愛の学校であり、弱き者、虐げられた者への限りなき愛こそが順正女学校の理念であった。

虐げられた者としての女性を尊重し、女子教育を推進しようとする試みは、当時のキリスト教の布教の目標として普遍的に見られたことであるが、ことに新島襄、すなわち同志社系の伝道では女子教育の推進に特に力を入れていた。さらに福西女史はアメリカ女子教育のパイオニアであるメアリー・ライオンの自伝を読んで発憤し、岡山県初の女子の中等教育機関である「順正女学校」の創設を断行したのである。

② 東洋的婦道主義

一夫一婦制の倫理からすれば、当時の公娼制や妾の存在は許し難いものであった。この時代において福西女史は一夫一婦の家族倫理を厳守することを建学の理念としている。彼女は死のまぎわに生徒たちを枕元に呼んで「身を過って順正女学校の名を恥ずかしむることなかれ」と遺言したという。

さらに明治27年になされた校舎新築募金のための「新築趣意書」によると、順正女学校では単なる西洋化ではなく、日本婦人が古来から保持してきた優美さや貞淑さを失ってはならないと述べている。これが「東洋的婦道」としたことの理由であろう。順正女学校が関西以西で優れた女学校としての名声を博した理由の一つは、この倫理性の高さにあったといえよう。

③　実際的家政主義

順正女学校は女性が激動する社会の中で男子に伍して生き抜くため、直接に役立つ知識技能を修得することを理念として掲げていた。それは福西女史が幼くして父を失ったため、母親が子どもの将来に役立てることを願って、隣家の山田方谷に句読を受けさせたという原体験に起因しているといえよう。その生きるための業を身に付けたいという思いが「岡山裁縫伝習所」に入学して裁縫教員の資格を得て高梁小学校の女紅場教員となり、やがて私立裁縫所を立ち上げ、さらに順正女学校の創設に発展したのである。このような実学主義の鍛錬によって順正の生徒の「裁縫の腕は確か」という世評が確立していたからこそ、幾多の外圧をはねのけて順正女学校は生き残ったのである。私立裁縫所第1回の卒業生河合久は神戸女学院に進学して卒業し、教師に抜擢されたが、その担当科目は神戸女学院の資料によると「裁縫と作法」であった。おそらく順正仕込みの裁縫の腕が名門神戸女学院の教師の座を射止めたのである。福西志計子の曾孫福西譲治氏によると、「順正女学校から裁縫教員を送り、神戸女学院から音楽教員を迎える」という慣例があったという。順正女学校の実学尊重こそ最大の強みであった。

120年も前に順正女学校がすべての人にあまねく「愛」の手を差し伸べる「福祉の心」に満ちていたことと、教育の機会に恵まれていなかった「女子の教育を推し進めること」を教育理念として掲げ、実践した事実こそ備中高梁の誇りといえよう。

(2) 教育理念の修正

福西女史が逝去した年の翌年の明治32年、文部省は国家主義的傾向を強め、「公認の学校に於いて宗教上の儀式・教育を行うことを禁止」した私立学校施行規則を制定した。このような教育と宗教の分離が明確にされていく状況のなかで、宗教を建学の理念とする私立学校はきわめて困難な状況に追い込まれた。

そこで伊吹校長は従来の建学の精神にかえて、新しい教育理念として次の三つをあげた。それは、①母性尊重主義、②実行実働主義、③操守貞正主義である。これは宗教と教育を分離し、私立学校において宗教教育を禁止した文部省の施策に対応するために取られた措置である。すなわち「キリスト教的人道主義」に代わり「母性尊重主義」を当て、「実行実働主義」は先の「実際的家政主義」に対応するものであり、「操守貞正主義」は「東洋的婦道主義」に対応している。

したがって、「キリスト教的人道主義」を「母性尊重主義」に置き換えただけで本質的には変化していない。

実際、順正女学校では、その後も自主的で間接的な仕方でキリスト教に接する機会が提供されていた。希望する学生は毎週教会へ行き、聖書を読み、讃美歌を歌い、牧師の説教を聞いていた。そして、なかには洗礼を受ける生徒もいた。要するに宗教活動は教会でなされるようになったわけである。

(3)　伊吹校長の教育目標

順正女学校の教育理念にもとづく、より具体的な教育目標として、伊吹校長は四つの目標を示している。

① 第1は人を作ること。一般に女子教育は良妻賢母の育成とされるが、結婚前の女性や結婚しない人をも含む一般的人間性の育成が重要である。

② 手の人になること。女子は目で見たことをすぐに口にして人を評する傾向がある。手の人すなわち実行の人をつくることが重要である。

③ 教育は平凡な事業である。教育は生きた心霊に影響を与えるものであるから、浮々

した気持ちで教場にあってはならない。昨日も今日も変わりのない心構えが教育者には必要である。

④　家庭・社会・国家を尊重する。人間としての至高の観念を養い、実行の美しさを教え、天職として選んだ事業に人が喜んで従事する心情を会得させ、旺盛な精神力を涵養することができれば、人は家庭の改善と社会の進歩と国家の隆盛を望むようになるであろう。

これらの四点に合わせて伊吹は順正女学校独自のあり方として、我校は関係ある人々に向かって涙を要求している。故創立者が倒れたのは、涙尽き、汗尽き、血尽き命途絶えたのである。我等は貧と戦い、汗を流し、血を注ぐに至った。我校が世に存世せる限りは汗、涙、血を要求するのである、と述べている。伊吹は福西志計子の精神を脈々と受け継いでいるのである。

(4)　その他の訓育目標

大正10年4月に県営移管となったが、訓育の徳として、従来の「温順貞正」を拡大して「温順」、「貞正」、「感激」、「質素」、「敢為」の五項目が定められた。

次に昭和11年（1936）、鳥越校長によって順正五訓が定められ、毎朝全校生徒が唱えた。

健康にして機敏なれ
怜悧にして機転あれ
温順にして明朗なれ
貞正にして敬虔なれ
熱誠にして有為なれ

2　教師の陣容

(1)　教師の陣容

初代校長には、実質的な学校支援者であり県会議員の経験もあり、地元の有力者である柴原宗助が就任した。

創立期の教授陣は原とも、東米、橋南（星野）重、福西志計子、木村静等であった。「文学科」の教科課程は原とも先生が神戸英和学校（現在の神戸女学院）の課程を参考にして作成し、実施したものと推察される。

「裁縫科」の授業は従来どおり、福西志計子と木村静が担当した。服装の大きな変化に対応するには裁縫所時代の知識と技術では不安であったのであろう。福西女史は明治20年単身上京し、神田職業学校に学び、翌年教壇に帰った。彼女が導入した新知識は洋服仕立て、西洋洗濯、毛糸編み物、造花などであったと記録されている。(昨年、曾孫の福西譲治さんから、福西志計子さんが自ら作製した華麗な洋装を身につけた当時の写真が筆者のもとに送られて来て大いに驚かされた)それにしても福西先生の行動力は並外れたものであったことが偲ばれる。

(2) 初期(明治30年ごろまで)の教員構成

裁縫科

福西志計子・木村静・渡辺小雪・藤井是登・陶山美加

文学科

原とも・安田(亀山)せつ・橋平ちね・山辺金四郎・星野(橋南)重・土田つね・内田(福西)栄・赤木操・寺沢三香・青野主・島崎恒五郎

嘱託

中村長遷・蓑内鉱一郎・桂泰次郎・高田敬三郎・河合良雄・本田勝次郎・須藤英江・永井尚方・伊吹岩五郎

(3)　県立順正高等女学校発足時の教員構成

学校長・伊吹岩五郎
教　諭・内田隆正　小倉章蔵　熊木健治郎　土井沢江　伊吹多恵　古武光香　守田種夫
　今井安世　藤田たかの
教諭心得・小倉善三郎　河合久　中西文

(4)　その他の教員（「おもいでの記」から拾ったもので網羅的でない）

難波（歴史）、川島（数学・英語）、山田忠治（生理）、小林、渡辺（手芸、造花）、樋口、太田（作法）、白神（料理）、山田、岩永、中西（裁縫）、出、高山、西（舎監）、谷、石川（国語）、宮川（地理、歴史）、水野（地理、歴史）、小山、竹中（英語）、伊吹恵美（裁縫）、平松（国語）、古武（国語）、守田（英語）、村田（国語）、熊木（体操）、岩藤（国語）、難波民之助（数学）、小倉（習字）、小倉善、森山、藤田、内田（国語）、伊達（お茶）、太田（お茶）、長宗、有木（体操）、楠木（国語）、山吹（数学）、橋本、浅野、中西、山下、金崎正直（英語）、長宗知恵（国語）、長井マスヱ（裁縫）、上田ハツヱ（理科）、渡辺喜作（校長）、山崎九二五（校長）、鳥越保太（校長）、土井沢江（裁縫）、内田、土井（舎監）、西山、平岡、山下、藤田、戸松好子（裁縫）、橋本民（裁縫）、野村、油井三省（数学）、藤本（料理）、中村、荒木（画、習字）、小林、森（英語）、前田、薄井、小出廉二、堤、鈴木（作曲）、村上（教頭）、山崎、西中、畠山、杉原、桜井、谷田、遠藤、松田、片山、野上、荒木

3　教育体制

順正女学校は明治45年3月27日、高等女学校の認可を受けた。その時期の教育体制をみてみよう。

(1)　教育体制

①　学科構成

学科は本科と実科から成っていた。

②　生徒定員

定員は本科200名、実科120名

③　修業年限

本科は4年、実科は3年

④　学科目

本科の学科目は、修身、国語、英語、歴史、地理、数学、理科、図画、家事、裁縫、音楽、体操、教育

実科では、修身、国語、歴史、数学、理科及家事、裁縫、図画、唱歌、体操、教育

⑤　授業料

本科　1学期　5円50銭、2学期　5円50銭、3学期　4円　計15円

実科　1学期　4円50銭、2学期　4円50銭、3学期　3円　計12円

⑥　寄宿舎

自宅から通学出来ない人、特に許可された人には寄宿舎が用意された。

本科学科課程及毎週教授時数

学科目＼種別	毎週教授時数	第一学年課程	毎週教授時数	第一学年課程	毎週教授時数	第三学年課程	毎週教授時数	第四学年課程
修身	二	道徳ノ要旨 作法	二	同上	二	同上	二	同上
国語	六	講読、文法、作文、習字	六	同上	五	読方、訳解、書取、会話、作文	四	同上
英語	三	発音、綴字、読方、訳解、会話書取、習字	三	同上	三	読方、訳解、書取、会話、作文	三	同上
歴史	三	日本歴史	三	同上	二	外国史	三	外国歴史 日本歴史
地理		日本地理		外国地理		同上		地文
数学	二	算術	二	同上	二	同上 代数初歩	二	代数初歩 幾何初歩
理科	二	植物、動物 生理及衛生	二	同上及鉱物	二	物理、化学	一	同上
図画	一	自在画	一	同上幾何画	一	自在画	一	自在画 考案画
家事					二	緒論、衣服住	二	養老、育児、看護、伝染病、予防、整理
裁縫	八	運針法、裁方、縫方、繕ヒ方、服地	八	同上、洗ヒ物ノ仕方、服地	八	裁方、繕方 ミシン用法	七	同上
音楽	二	普通楽譜法、基本教練唱歌	二	同上	二	同上楽器	二	同上
体操	三	普通体操、遊戯	三	同上	三	同上	三	同上
教育							二	緒論心ノ状態 教育
合計	三二		三二		三二		三二	

実科学科課程及毎週教授時数

学科目／種別	毎週教授時数	第一学年課程	毎週教授時数	第二学年課程	毎週教授時数	第三学年課程
修身	二	道徳ノ要領、作法	一	同上	一	同上
国語	六	講読、作文、文法、習字	六	同上	五	同上
歴史	二	日本歴史				
数学	二	整数、小数、諸等数、分数、四則	二	比例歩合算	二	同上、殊算
理科及家事	二	博物	三	生理衛生及家事	三	家事及物理化学
裁縫	一四	運針法、裁方、縫方、繕方、服地	一六	同上、洗ヒ物ノ仕方ミシン用法	一五	同上
図画	一	自在画	一	同上	一	同上
唱歌	一	単音唱歌	一	同上	一	同上
体操	二	普通体操及遊戯	二	同上	二	同上
教育					二	緒論心ノ状態教育
合計	三二		三二		三二	

4 教育施設の充実

(1) 頼久寺町校舎の建設

校舎についてみると、14年12月に裁縫所を開設した際には、黒野氏宅を賃借して仮校舎としたが、翌明治15年7月になると、黒野氏宅を買い取るとともに一家を建築してこれを校舎とした。その実現には教会員の援助が大きな支えとなった。ことに柴原宗助、藤沢氏の貢献は特記すべきものであった。しかし年を追って生徒の数が増加したため、さらに大規模な増築に迫られた。

そのため明治23年下半期ごろから「木曜日会」なるものが組織された。この会は福西女史をはじめ教師で信徒でもある人たちが、校舎の新築の実現を願って為される静かな「祈祷会」のことであった。この静かな祈りは、三年後の26年10月6日に相談会となって現実化した。その後、何度か会議を重ねた上で、新築委員によって「新築趣意書」を発表した。

この趣意書には、日本における女子教育の困難な状況のなかで、順正女学校は創設以来13年順調に発展している事実が確信をもって述べられている。入学希望の生徒は増加の一途をたどっているにもかかわらず、教室が狭すぎ、教授活動に支障を来している実情を述べ、増築の必要性を説いている。

(2) 教育施設の充実

① 明治28年11月　頼久寺町に新校舎完成　裁縫科1棟、文科1棟、向町から移転
② 明治29年9月　寄宿舎完成
③ 明治36年　事務室、茶室、物置の建設
④ 明治41年11月　伊賀町に新校舎、講堂、割烹教室を建設
⑤ 明治45年　割烹教室の東北に30坪の1棟を建て、作法室、書籍室、清馨会・文学部・読書室とする。
⑥ 大正11年11月　2階建普通教室6教室の竣工、運動場を43坪拡張
⑦ 大正12年　理科教室を新築
⑧ 大正15年　割烹教室及び洗濯場を新築
⑨ 昭和3年　講堂を24坪増築

このように教育施設は向町に始まり、明治28年には頼久寺町に建設され、福西女史の死去のあと41年には伊賀町に新校舎を建設し、ここに新しくキャンパスを拡充した。教育内

容の充実と生徒数の増加に伴って、向町から頼久寺町さらに伊賀町へと移転して充実され、昭和3年には完成されている。

5　校歌と校旗の制定

(1)　校歌

順正女学校では、従来、卒業式などでは「君が代」のほかに生徒の作成した「送別の歌」と「留別の歌」を歌っていたが、教育環境と教育内容が整備充実し、名実ともに県下の女学校の中でも抜きん出た存在となる中で、校歌の必要を感じ、大正2年3月の第28回の卒業式で初めて「校歌」が歌われ、以降の儀式には斉唱されることになった。作詞者は三輪源造氏、作曲者は岡野貞一氏である。

岡山県順正高等女学校校歌

1　此処に教への庭をつくりし
　我が師の君も世の人々も

いかなる花か咲かせまほしと
我等にのぞみそもかけられし

2

色も形もこちたからねど
姿は清く香は高く
雲の中にもゐみをたたへて
をみなのかたと花吹く梅か

3

たよりあらではえたたぬ如く
覚束なくも色は見ゆれど
まつはる木々の嵐にささへ
慰め顔に花吹く藤か

4

醜草しげる山にも野にも
天の恵の白露たたへ

岡山県順正高等女学校校歌

三輪源造作詞
岡野貞一作曲

♩=96
1. コ コ ニー ヲ シヘ ノ ニ ハヲ ツ ク リシ
2. い ろ もー か たち も こ ちた か ら ねど
ワ ガシ ノー キ ミ モ ヨ ノーヒ ト ビ トモ
す がた はー き よ く か をーり は た かく
イ カナ ル ハ ーナ ヲ サ カセ マ ホ シト
ゆ ーき の な かに も ゐ みを た た へて
ワ レラ ニ ノ ー ゾ ミ ソ モーカ ケ ラ レシ
を みな の か ー た と は なーさ く う めか

うつむきがちに日は送れども
ひじりのさまに花咲く百合か

5
天のまことはここにぞしげり
地の麗しさここにぞにほふ
人の正道ここより歩む
ああなつかしき学の園よ

(2) 校旗

順正女学校のシンボルとなる校旗の制定も長い間待ち望まれていたが、大正6年12月10日満37年創立記念日に実現して校旗が講堂に掲げられた。そしてこの校旗は大正5年度の本科と実科の卒業生の寄付によって卒業記念として新調されたものであった。その校旗の「地質は塩瀬にして之を二枚合せとし、色は紫百合の花を白にて抜き縁に白き総を施した」ものであった。ここに積年の希望が達せられて順正女学校のシンボルが完成した。

順正女学校校旗

6　寄宿舎の生活

福西志計子がすぐれた教育者であったことの何よりの証拠は、女史が寄宿舎生活を重視したことであろう。多忙な学務に合わせて寄宿舎の学生一人一人にきめの細かな全人格教育を怠らなかったのである。そのことへの配慮は自分一人だけでなく、自分亡き後をみる後継者にも及んだ。明治29年頃、病を得て後継者を求めた際に女史の脳裏にあったのは、学務だけでなく寄宿舎の生徒の面倒のみれる人ということにあった。そのような観点からして選ばれたのが第1回の卒業生で当時神戸女学院の教師となっていた河合久先生であった。河合先生は母校に帰り、教員にあわせて舎監を務めて生徒の面倒をみたのである。

明治28年11月校舎が頼久寺町に新築され、翌4月に寄宿舎が竣工した。その後34年にもう1棟建設された。さらに明治41年には伊賀町に校舎ができ、移転した後の頼久寺の校舎が寄宿舎に充てられ、その後も徐々に整備された。

明治45年の「私立順正高等女学校学則」には「遠隔にして通学すること出来ないものは校内に寄宿させる（31条）」とあり、さらに「遠隔でない人も管理上必要と認められるものは寄宿させることがある（32条）」となっている。このように寄宿舎を必要とした対象は、主に遠隔地から来た生徒であるが、事情によっては、それ以外の生徒でも寄宿を許したのである。生徒は四国・九州からも多数在学していた。これによっても順正女学校が名門校としての名声を保持していたことがわかる。

明治45年7月の生徒数は本科144人、実科85人の229人であり、そのうち高梁町の自宅から通学した生徒数は84人であったから、残りの145人のうちかなりの生徒が寄宿舎を利用したと考えられる。

少し時代は下がるが、大正13年から昭和4年にかけての寄宿舎利用生徒数を見てみよう。

それによると、約3割の生徒が寄宿舎を利用していたことがわかる。[表1]

次に明治45年と昭和8年の舎費と食費は次の通りである。[表2]

寄宿舎の生活状況は「1室3人部屋」で、「朝廊

[表2] 寄宿舎費と食費

金額 / 年度	舎費	食費
明治45年	50銭	5円50銭
昭和8年	1円	6円

[表1] 寄宿舎利用生徒数

年度 / 種別	大正13年	大正14年	大正15年	昭和2年	昭和3年	昭和4年
生徒総数	347	369	441	436	419	398
寄宿舎生	102	110	134	141	113	98
自宅外通学生	57	57	55	34	57	54
自宅通学生	188	202	252	261	249	246

下のふき掃除」をすませ、「会長の板木の音を合図に食堂に集合、河合久先生を主に朝の祈りをして食事を終え」て学校へ通ったとのことである。また学校から帰ると、掃除、洗濯をしたあと学習にかかったようである。

寄宿舎の舎監は明治30年7月、河合先生が神戸女学院から赴任し、以来30年間にわたって献身的に努めたので、生徒達も安心して寄宿舎生活を享受することができた。

しかし、若い女生徒が他郷において暮らす寄宿舎生活は、仲間はいても寂しく望郷の思いにかられることもあったことであろう。

7　卒業生の進路

順正女学校の卒業生は、明治17年の第1回卒業式において2名の卒業生を送り出したのを初めとして、毎年多数の卒業生を世に送り出したが、それらの卒業生の大半は家事従事であったが、中には就職、進学する者もいた。

それについて大正10年3月以降のデータを検討してみよう。［表3］

［表3］卒業生の進路（大正10年〜昭和9年）

回	年度＼種別	進　学	就職	家事従事	計
36	大正10年	9（23.7）	3	26	38
37	大正11年	15（37.5）	1	24	40
38	大正12年	14（36.8）		24	38
39	大正13年	13（27.1）	1	34	48
40	大正14年	14（32.6）	2	27	43
41	昭和2年	14（17.5）	2	64	80
42	昭和3年	18（21.4）		66	84
43	昭和4年	11（14.3）		66	77
44	昭和5年	17（19.8）	3	66	86
46	昭和7年	19（27.9）		49	68
47	昭和8年	14（18.2）	3	60	77
48	昭和9年	11（15.9）		58	69

（注　大正10〜14年の卒業生は本科生のみ）

大正期において30％を越える進学率はかなり高いといえるのではないか。昭和恐慌の時期に入っても20％前後の水準を維持している。

大正14年3月の第40回卒業生の進学先は次の通りである。

①　日本女子大学　1名
②　大阪道修女子薬学専門学校　1名
③　女子美術学校　1名
④　東京女子歯科専門学校　1名
⑤　岡山女師2部　2名
⑥　女子医学専門学校　1名
⑦　奈良高師保母養成所　1名
⑧　東京実践学校　1名
⑨　共立女子職業学校　1名
⑩　広島県立広島高等女学校　1名
⑪　神戸女学院　1名
⑫　岡山産婆学校　2名

東京5人、大阪1名、奈良1名、神戸1名、岡山2名、広島1名、計15名が専門学校、今日の大学に進学している。

以上見て来たように、順正女学校は「人間愛」と「女子教育」という建学の理念のもとに、固い信念と熱い情熱をもった教師陣を備えて発足した。私立学校の悲しさ教育施設は貧しかったが、学生数は次第に増加するなかで、福西女史等の血のにじむような努力の結果、頼久寺校舎が完成し、形式的にも順正女学校は整備された。

福西女史の教育者としての偉大さは、寄宿舎を重視しずっと舎監を務め、生徒の躾に努めたことにある。福西女史は教壇と寄宿舎を併せて全人教育を実践した真の教育者であった。

中国山系の小さな町の女学校の卒業生の中から、かなりの数の生徒が東京・大阪はじめ全国の上級学校に進学するようになった。福西志計子の「女子教育の推進」という高い理念はこうして見事に花開き、実を結んだのである。

六章　学生生活と課外活動

順正女学校の正課の教育は、先に述べた建学の精神と教育目標「温順貞正」にもとづいてなされた。次に、正課以外の時間に実施された学生活動についてみてみよう。とりあげた時期は、明治末から大正期にわたっている。ここで使用した主な資料は、岡山県立高梁高等学校『創立記念史　松籟』である。

まず、課外活動の指導目標を徳育・知育・体育に分けて述べよう。

1　課外活動の指導目標

(1)　徳育関係

円満高尚な進取的人格を完成せしめるために、次の事項を実施する。

1　意志の陶冶　自発的に意志を強固に陶冶するため、登山、運動競技を行い、質素倹約に努める。

2　美的情操の涵養　学芸会・音楽会を開き、習字の展覧会を開く

3　合同訓話　朝礼訓話　校長訓話

4　勤労指導　農園作業　園芸作業　清潔整頓

5　消費節約の奨励

6　敬神崇拝の念涵養
7　読書指導
8　級会　級友の融和を図り、高尚優雅の品性を養うため
9　父兄会
10　家庭における注意　イ　外出時は正服着用、ロ　単独の夜間外出禁止、ハ　家事の手伝い、ニ　許可のない劇場活動写真の入場禁止
11　模範となる行為には学校長より褒状授与

(2)　知育関係

1　研究発表　イ　研究課題を課し発表させる、ロ　和歌・童謡・作文・標語を募集し文集を編纂する、ハ　図画、図案、書字、ポスターの優秀なものを校内に掲揚し、展覧会に出品、ニ　手芸品を観覧させる、ホ　年1回学芸会を開催
2　図書閲覧　清馨会図書部に図書を備え貸し出す
3　重要事項の周知法　社会各般の重要事項を以下の方法で周知させる、イ　学校長の合同訓話、ロ　新聞、ハ　一般掲示
4　実地指導　知見を啓発し、見識を得させるための社会見学を行う

(3) 体育関係

身体の鍛錬と質実剛健の意志陶冶のため、次のことを行う

1 課外運動、庭球、バレーボール、バスケットボール、陸上競技を実施

2 運動競技会　秋季運動会ほか小運動会や競技会を開く

3 遠足　毎年春秋2回（10方面）

4 身体検査　定期検査の結果は通知簿に記入　臨時検査は遠足、旅行、選手選定の際に実施

2 温習会と文芸会

学校生活は正課の授業が中心であるが、生徒にとってはそれはしばしば平凡な毎日の連続であり、時には苦痛でさえある。そのような生活にとって、平凡な日常性を破って、心のときめきを覚えさせてくれるのが学芸会や運動会であった。学芸会を順正女学校では温習会ないし文芸会（学芸演習会）と称していた。当日まる一日を費やして、学校全体でそれに取り組んだ。この名称は、皇后の誕生日を祝う日である地久節に催す場合を文芸会（学芸演習会）といい、順正女学校の創立記念日に催す場合を温習会といって、前者は5

月28日、後者は12月10日に開催するのを原則としていたようである。

ともかく、年に1回ないし2回、文化祭或いは学園祭のような行事を行っていたのである。

明治39年12月10日の温習会のプログラムは次の通りである。

1 奏　楽　普　2年生
2 開会の辞　校長
3 掛物の掛方　普　4年生
4 挿　花　同　4年生
　　　　　専　3年生
　　　　　同　2年生
5 同見方　同　2年生
6 唱歌（25年紀）　普　3・2年生
7 文章　柿の実の質問に答う　同　1年生
8 談話　台所奉行　専　2年生

9　英語　普2年生

同2年生

同2年生

10　文章　記念会　専1年生

11　数学問答　同1年生

同1年生

12　化学の実験　普4年生

同4年生

13　英語会話　散歩　普3年生

同3年生

14　漢文講義（孟子怨慕之章）　普4年生

15　数学問答　専3年生

同2年生

16　韻文朗読　普4年生

17　小憩

18　琴曲　嵯峨の調　普　2年生
19　習字　同　2年生
20　英習　各年級代表者
21　最も喜ばしかりし日　普　1年生　10人
22　談話　進化論の一節　専　3年生
23　文章　寄宿舎の秋の夕　普　2年生
24　英語昔話　通訳付　普　2年生
25　育児対話　専　3年生
　　普　4年生
26　唱歌　美しき日本　専　3年生
27　新体詩　花と水とのかたらい　同　3年生
28　英語狂言　普　4年生
　　普　3年生
　　普　4年生
　　同　4年生

同　4年生

29　琴曲　新年の川　専　3年生

普　3年生

このように、温習会のプログラムはきわめて多様にわたっており、順正女学校の活動がありありと推察されて興味深い。

この温習会・文芸会は、生徒の自主性にまかせる方針で、準備期間も短期間であったため、生徒は全力をあげて努力する催しとなっていた。

当日は、外部の各学校長、上房郡議員、教育会員、高梁町会議員、生徒父兄を招待し、その他の参観者を合わせると500人を超える盛会であったという。

3　運動会・遠足・修学旅行

順正高等女学校細則によると、運動会も遠足も春秋2回行うことになっていた。

(1)　運動会

運動会の起源は明らかではないが、記録の残っているもので最も古いのは大正4年11月

13日に催された温習会の午後に運動会が実施されている。その後、大正5年から10年にかけて10月の末日に年1回実施され、大正11年以降は5月下旬の春季運動会と10月末の秋季運動会が行われていた。

次に、大正6年10月30日に行われた運動会のプログラムを見てみよう。

私立順正高等女学校運動会執行順序

1　開会の辞
2　運動会の歌　全体
3　唖鈴体操　本科　3年生
4　秋の田面　幼児
5　カドリール　本科　1年生、実科　1年生
6　登校競争　本科　2年生
7　蟻　幼児
8　体操（各個演習）　本科　4年生

9　日月競争　実科　2年生
10　鬼たいぢ　幼児
11　ランサース　本科　4年生、実科　3年生
12　鳩さん　幼児
13　百足競争　本科　3年生
14　スキープ、ツバメ　幼児
15　毬入　実科　1年生
16　コロチン　実科　2年生、本科　3年生
17　世界大海戦　本科　1年生
18　人形屋　幼児
19　連合体操　全体
20　鬼ごと　園友男女
21　タンツライゲン　本科　2年生
22　軍艦遊び　幼児
23　バスケットボール　本科　4年生、実科　3年生

24　幅飛　　　　　　　園友女
25　徒歩競争　　　　　園友男
26　各年級選手競争
27　校友競争
28　職員競争
29　校歌　　　　　　　全体
30　閉会の辞

となっているが、様々な種目の競技がみられ、女学校らしい運動会である。特に案内状は出さないが、父兄・校友・その他の人の参加があって、楽しい秋の1日であった。

(2)　遠足

遠足は、明治45年5月1日、鶏足山に出かけているのが最も古く、その後は成羽（大正3年）、阿部見山（大正4年）、豪渓、高梁東部連山（大正7年）、佐代谷（大正9年）、落合村深耕寺（大正10年）、吉備郡大和村（大正11年）といった、およそ高梁から10キロメートル以内の所に出かけている。

大正9年頃までは年に1回実施されていたが、大正10年以降は年2回実施され、昭和4年には「1日遠足に関する規定」が設けられた。

遠足は、生徒達にとってとても待ち遠しい楽しみであった。次の作文にもそのことが推察される。

遠足　　　　　　実科一年

19日の朝学校へ行きました。すると実科2年の人が明日は遠足だといって居られました。それを聞いた時の私共の心はどんなでしたろう。実に飛び立つ様でした。20日の朝は早く起きて友達と一緒に弁当を携え喜び勇んで家を出ました。（中略）とかくする間に鐘が鳴りましたから、皆んな講堂の前の広場に集まりました。校長先生から今日の遠足は深耕寺方面に行くと云うことと、種々御注意がありました。次に熊木先生、河合先生からも御注意がありました。終わって皆んな並んで校門を出た時は何とも云えぬ嬉しさを覚えました。（中略）其内道の左側の立石に瑞渓山深耕寺と刻ったのがありました。其向うに立派な寺が見えました。寺に入って休んで和尚さんの厚意で本堂に入ってお弁当を食べました。

（後略）

(3)　修学旅行

社会見聞を広める意味で、およそ1週間を費やして学友と寝食を共にしながら各地をめぐる団体行動である修学旅行は、学校生活の最後を飾るにふさわしい最も楽しい学校行事の一つであった。残されている資料で最も古い修学旅行は、明治42年度になされており、それ以降は毎年実施されている。行先は明治時代は中四国方面、大正期は京阪神方面、昭和4年頃から東京方面、日程は1週間から11日間ぐらいまでと定まっていた。次に、明治42年度の修学旅行の随行記を紹介しよう。

5月5日　空模様が悪く今にも降り出しそうな様子であったが、昨日出発の予定を1日延ばしたが、といって課業も出来ないので今日は雨でも出発したいと決めて、午前7時に紺屋町尻から高瀬舟に乗り7時40分頃出発した。種井辺あたりで雨が降り始めたが、たいしたこともなく12時頃湛井に到着。12時5分の汽車に乗るにはやや遅すぎたと思いつつ、停車場にかけつけ駅長と相談し乗車をお願いした。それでも生徒達が来ないので、残り3分、2分と数えたが来ず、万事休すと思っていた時、先頭がやっと到着したので、列車に駆け込む。生徒が乗り終わった時には列車は動き始めていた。まことにきわどい乗り換えであった。岡山で下車し歩行で京橋まで行き連絡汽船に乗ろうとしたが通船がなく、歩行で三蟠まで行くとすれば生徒が疲労する恐れもありまた時間に遅れる恐れもあるので、27人を人力車に分乗させ一台、二台と出発し、私が最後を走ったがとても暑かった。三蟠に到いて一休みし、連絡船に乗る。この日は砥のような海で、初めて船に乗った生徒は歓喜した。船は小豆島土庄を過ぎ高松に着いたのは6時過ぎであった。桟橋にはH君が迎えてくれ、鉄道旅館に案内されて一泊する。夜生徒と共に市街を散歩した。

5月6日　この日は屋島に行き見学したあと、栗林公園を観て停車場に向かい5時の汽車に乗りおくれ、6時発で丸亀に向かい7時に着きK氏と会う。そのあと多度津につき金刀比羅に着いたのは8時、夜雨。

5月7日　今日は雨の中の旅行だと覚悟していたが、朝から雨は降らず7時すぎから金刀比羅宮に詣る。2時間余り境内を巡覧し、10時40分金刀比羅駅を出た。この頃晴れて来た。多度津は駅長の好意によって旅店で休憩し午後2時船着場に出たあと、駅長の誘導で連絡船に乗る。この日強風警報が出たので尾道に行く人は船に酔う人もいるだろうと思いながら今更変更も出来ないので、生徒には知らせないで船に乗る。船が多度津を出ると波浪が高くなった。30分位たった頃、生徒に警報が出ていることを知らせる。波はいよいよ烈しくなって来たが、無事鞆津を経て6時に尾道に着き一泊する。

5月8日　朝尾道を出発し11時岡山駅に帰る。車町朝日館で昼食を済ませ弓町でS氏を訪ね公園に行く。ここから疲れたものは宿に帰る。私は古京町に出て六高前から山陽女学校に行き、孤児院を見て宿に帰る。夜は3組に分かれ市街を見る。S氏が宿に来る。

5月9日　朝7時半に宿を出て停車場前に荷物を預け一行は第17師団司令部に行き外部から一覧し輜重兵大隊の営舎を一覧す。一軍曹の案内で軍隊生活を実際に見ることが出来た。そのあと停車場へ行き10時50分の汽車に乗る。湛井で5人は人力車に乗る。私は12時半に歩き始め、途中時々小憩して学校に帰ったのは午後6時過ぎであった。この日の徒歩の人は実に7里以上を歩いたことになるから女子にとってはたしかに強行軍であった。

旅行中に病人も出ず5日間を無事終わったのは大いに幸いであった。

ここには、明治42年頃に岡山から四国の名勝地を旅した様子がよく書かれている。これが、大正時代には京阪神地方になり、昭和に入ると東京方面へと向かっている。生徒の喜ぶ顔が推察される。

4　校友会・清馨会と自治活動

(1)　校友会の結成

明治35年3月30日午後5時から校友会の総会を開き、夕食を共にしながら会則について会談したが、まとまらなかったので委員会が設けられ、そこで会の進め方の案をつくった。それは校長に会長職に就任を依頼し、会長に校友会の規則案の作成を依頼することであった。こうして、翌36年3月28日校友会規則が提案され、承認された。

(2)　校友会規則

高梁順正女学校校友会規則によると、

1　目的は会員相互の交誼を厚くし、母校の盛大を謀ること
2　会員は三種、正会員は母校卒業生、会友は修学した人で正会員の推薦で役員会で認められた者、特別会員は母校職員及特別な関係ある者
3　役員は会長1名、幹事6名
4　会費は1年15銭
　明治36年度は会員287名、会友26名、特別会員37名であった。

(3) 校友会大会（明治45年3月）

卒業生、校友、教師、理事等１０５名が参加するなかなかの盛況であったが、古い校友は少なかった。校友会は、東京・阪神などにも支部が設置され、その活動は広い範囲に拡大されていった。

(4) 清馨会と自治活動

順正女学校では、毎年12月25日の夜はクリスマスとして「余興」を催していたが、明治43年12月25日からこれを「清馨会大会」と称するようになった。この大会は「我校における年中行事中の最重要行事」といわれているように、午後6時から午後11時過ぎまで行われ、冬休み前の楽しい行事であった。このような行事を催す団体が「清馨会」であって、これは在校生による生徒会と卒業生の同窓会（校友会）を統合したものである。

この清馨会は、会則第3条によると「本会は会員相互の交際を密にし愛校の精神を養成し、学校のために尽くすことを目的」にしている。また、4・5・6条によると、本会は運動部、園芸部、文学部、売品部、校友部（明治35年に発足したが、明治43年から清馨会に吸収された）の5つの部から構成され、2名以上の顧問教師のもとに、各組から選出された2名ずつの生徒がそれぞれの部の運営に当たった。いわゆる今日の生徒会で、生徒による自治活動であった。

さらに、清馨会校友部規約の第2条によると、本部は「私立順正清馨会に属し、卒業生相互の交誼を厚くし、母校の隆盛を謀ることを目的」としている。

この清馨会によって、在校生と卒業生が協力して学校行事を運営していたことが知られる。これによって、卒業生の母校愛がますます強化されたのである。

(5) 「園の音信」の発行

順正女学校では、卒業生の増加に伴い、卒業生のその後の動向・消息を把握する必要から、校友の「相互通信機関」として明治34年3月から「園の音信」を発刊することになった。

母校との絆となったのが「園の音信」であった。毎年送られて来る学園のおとずれに学友を想い、学校生活を思い返して往事をなつかしんだのである。

その内容は、論説、年度報告、学内消息などであった。

これは明治34年以降毎年1回刊行され昭和18年に42号を数えた。その後は刊行されていないが、昭和25年、順正女学校70周年記念号が刊行され、往時をなつかしんだ。

さらに、筆者が大いに驚いたことは、この清馨会は出版活動も行っていたことである。

伊吹岩五郎先生の『山田方谷』その他の冊子が清馨会から出版されている。僻遠の地の女学校で著書の出版までしていた事実こそ、順正女学校の知的水準の高さを示している。

順正女学校では、課外活動も教育目標のもとに活発に展開されていた。キリスト教主義の学校としてクリスマス祝会を盛大に行われていたのは、順正女学校らしい行事であったといえるが、今日の文化祭に当たる文芸会も創立記念日に実行されている。

次に、運動会・遠足も楽しい学校行事であったことが生徒達の作文からも推察される。修学旅行の範囲は、まず中四国、ついで京阪神、昭和に入ると東京までと、次第に拡大しており、生徒にとって最も重要な楽しみであったことがわかる。

順正女学校の課外活動としてもっとも特色のあるものは、学生会と同窓会を合体させて「清馨会」をつくり、そこで機関誌「園の音信」を発刊していることである。さらに驚くべきことに、この会から伊吹岩五郎先生の『山田方谷』を出版している。

こんなすばらしい女学校が高梁に明治10年代から存在していたとは、まことに驚くべきことである。

七章　福西志計子を敬愛した若き使徒達

——留岡幸助・山室軍平・伊吹岩五郎——

1　福西志計子をめぐる人脈

福西志計子はキリスト教の信徒となったため、周囲からの強い偏見と迫害にさらされたが、その中で身を挺して女子教育を推進した。その際、多くの人々に支えられ、その人達に大いなる愛を注いだ。福西女史は男よりも男らしく、何とも言えない威厳をもち人を畏服させたと言われているが、人の魂を魅惑し引き付ける不思議なカリスマを備えた人であった。福西女史を支えた人は数多くいたが、とりわけ強い絆を結んだのは木村静、河合久、留岡幸助、山室軍平、伊吹岩五郎である。

2　木村静との（姉妹）愛の絆

木村静は旧備中松山藩主板倉氏の重臣木村中蔵氏の長女として天保8年1月江戸の備中松山藩の桜田屋敷に生まれた。この時期は徳川十一代将軍家斉が其職を譲る年であった。16歳の時父母に連れられ高梁に帰り、19歳で本家の木村氏に嫁ぎ、12年間に二女を生み育てた。しかし悲運なことに慶応3年愛する夫を失い以後は一人で二女の養育に当たった。福西志計子は明治8年10歳年上の木村静と語らって岡山裁縫伝習所に学んだ。それ以来二人は福西が先に死去するまで、迫害に耐えながら運命を共にした同志であった。男性的で人に厳しく冷たいと思われていた福西女史を木村静は温かい慈悲心で支えた。9年に伝習所を卒業した二人は高梁小学校に付設された女紅場の教員に就任した。女紅場は翌10年には高梁小学校付属裁縫所となった。ところが2年後の明治12年10月、二人にとって運命的な転機が訪れた。それは岡山基督教会の金森通倫等の講演会に会場を提供して説教を聞いたことである。二人はキリスト教の愛と人間の自由と平等さらに女性尊重の思想に感動した。この時高梁小学校の教師二宮邦次郎は同志社に進んで牧師への道を進むことを決めた。続いて翌13年2月同志社の新島襄が高梁を訪れてキリスト教の講演を行ったがその会場も同じ高梁小学校付属裁縫所であった。すなわち講演会場は二人の職場であった。

これはおそらくキリスト教を忌避して誰も会場提供者がない時に、恐れを知らない福西女史が自ら進んで会場を提供したものと筆者は推定している。この講演は三章で詳述しているが、そのポイントは教育による国づくりと女子教育の重要性を熱く説いたことにある。この演説に感銘を受けた二人はキリスト信徒になることを決意し「風俗改良懇談会」に入り「基督教婦人会」の中心的存在となって活動した。

しかしキリスト教に対する周囲の非難の声も次第に高まりを見せ、遂に14年7月には福西志計子と共に信仰を捨てるか、職を捨てるかの二者択一に追い込まれた。二人は信仰を守って職を捨てた。それにもかかわらず、二人はこの逆境をはねのけて同年12月10日「私立裁縫所」を立ちあげたのである。

明治15年4月には高梁基督教会が設立され金森牧師により15名が受洗したが、福西志計子と共に木村静も洗礼を受け正式にキリスト信徒となった。

ところで「私立裁縫所」の生徒は高梁小学校の生徒で20〜30名程度で、世は女子教育の必要性を認めない風潮が支配していたから、女子教育施設の経営を続けることはまことに苦難の連続であったが、二人は志を一歩進めて18年1月には「順正女学校」を創設した。様々の非難にもかかわらず世の中の評価は次第に高まりやがて名門校と称されるようになった。ここまでになる為には二人の労苦がいかに大きなものであったかは言うまでもないが、木村静が果たした内助の功は「色こそ見えね知る人ぞ知り床しく思う」と伊吹岩五郎は書いている。

福西志計子が7歳で父を失う悲劇を体験していたように、木村静は家族の中で耐え難い悲劇を経験していた。まず慶応3年夫に先立たれ、31歳で未亡人となった。次に子供に男子がなかったので板倉秀雄を養子としていたが、静の58歳の年に養子を病で失い悲嘆に暮れた。一家の重荷は再び静にかかったのである。静はその悲しみにじっと耐えていたのである。静はこの深い悲しみの中で信徒としてすべてを神に委ね神の御旨にしたがって生きていたから、天を恨まず人を咎めず、忍耐の勇気を与えられていたのである。同じ様な家族内の悲劇を体験した二人（静と志計子）はいつも一緒に祈って支え合っていたという。こうして順正女学校に勤め、家を治め老母に仕えて過ごす間に明治30年に母親が死去された。さらに31年8月には明治8年岡山裁縫伝習所入学以来、20年余労苦を共にして来た福西志計子に先立たれた。静の悲しみ様は外目にも痛ましいものであったという。その姿は魂が抜けた人形のようであり、静自身も「配偶者」をなくしたと言っていたという。静は二度配偶者を失うという悲しみを体験したのである。

福西志計子が男よりも男らしく、自分にも他者にも厳しく冷酷なところさえあったと言われているが、これに反し木村静は慈母のようにやさしく、すべての人に惜しみなく愛情を注いだ。生徒達は福西先生をおとうさま、木村先生をおかあさまと呼んで慕っていたと言われている。厳しさと慈愛とがうまくバランスしていたことが学校にとってまことに幸いであった。

周囲の偏見と迫害の中で堅く結びつき支え合いながら勇気を鼓舞して明治14年12月「私

立裁縫所」を立ちあげ、さらに18年1月には「順正女学校」を創設したのである。二人の強い「愛の絆」があったからこそ、迫害の中で女子教育の推進がなされ得たのである。

3　福西志計子と河合久の師弟愛

福西志計子と木村静が小学校付属裁縫所の教員でありながらキリスト教徒として信仰活動をしていることを非難され、辞職（14年7月）に追い込まれた。二人は町から捨てられたが、その逆境をバネにして私立裁縫所（14年12月）を立ちあげた。「窮鼠猫をかむ」という言葉があるが、かみついただけでなく、自ら「猫」に化け、18年には「虎」に変身したのであるから世間があっと驚いたのも無理はない。

福西志計子と木村静は偏見と差別の怒号の中で、志高くまばゆいばかりの旗幟――人間の自由・神の前の平等・女子教育の推進――を鮮明にしながら、たった二人で町中の人達を相手に戦った。孤立した城は落城の危機にさらされていた。その時わずか5人か10人程の生徒がその城にかけ込んで来た。これはいくらかの生徒が入学して来たにとどまらず、二人の先生にとっては落城寸前の城に食糧と武器を持ってかけ込んだ援兵であったのだ。何故なら若しこの時生徒が一人も入学しなかったなら、開いたばかりの学校はそのまま廃校となり、二人はのたれ死にしたたに違いないからである。

もしこのように考えると二人の先生と10人足らずの生徒は初めから「先生と生徒」にとどまらず、理念を同じくする固い絆で結ばれた「同志」であったと言えよう。

河合久はそれらの生徒達のリーダーであった。そして明治17年には鳴海すずと河合久が目出度く第1回の卒業生として巣立って行った。久は関西ミッション・スクールの名門神戸女学院に進学した。さらに卒業した久はそのまま女学院の教員に抜擢された。筆者が調べた女学院の古い資料によると河合久の担当科目は「裁縫と作法」であった。福西志計子はとても器用で異常な裁縫の能力の持主であったと言う。福西先生にきたえ上げられた久の裁縫の技能が名門神戸女学院の教員の座を射止めたのである。福西志計子の曾孫福西譲治によると「順正女学校から裁縫の先生を神戸女学院に送り、女学院から音楽の先生を順正へ送る」慣例があったと言われていたそうである。順正女学校の生徒の「裁縫の腕は確か」という定評が出来上がっていたのである。

時は流れて明治29年夏、体調の異常を覚え、順正女学校の将来を危惧した福西女史は、順正女学校の校務の中核となり、自分の志・理念を伝えてくれる人物をと思い巡らした。福西女史の脳裏に映ったものは外ならぬ河合久であった。

福西女史はまず手紙を河合久のもとに送るとともに、伊吹岩五郎先生を神戸女学院に差し向け、女学院当局と割愛の交渉に当たらせそれに成功した。こうして河合久先生は関西の女子名門校、神戸女学院の教員の職を捨てて、明治30年僻遠の地の母校順正女学校の裁縫の教員に就任し校務の責任者となり舎監を兼ねた。爾来30年、河合久先生は恩師の願いを忠実に守って母校にその生涯を捧げたのである。昭和2年3月末河合久先生の退職に際し、伊吹岩五郎校長は感動的な謝辞を述べたが、それは十章に挙げている。

河合先生が順正女学校に帰って1年後、福西志計子先生は校務を信頼しきった愛弟子河合久に託して、心安らかに昇天した。

福西志計子・河合久の師弟愛は人間の自由・神の前の平等・女子教育の推進という理念によって結びついたいと美しい絆であった。

4　留岡幸助との姉弟愛

福西志計子と木村静は明治12年10月の金森通倫等のキリスト教の伝道以来一貫して信徒としての活動を続け明治15年4月に受洗した最初の信徒であった。それに対して留岡は少し遅れて明治13年頃、友達にさそわれて西洋軍談講釈のつもりで聞いたキリスト教の説教のなかで「赤裸々に神の前に立った時、士族の魂も町人の魂も同じ値打ちのものである」との言葉に魅惑されて説教を聞くようになり15年7月に洗礼を受けた。福西志計子と木村静にとって留岡はやや遅れて高梁教会の信徒グループに入って来た若い弟の信徒であった。そして厳しい迫害と共に戦う同志でもあった。

(1) 四国今治への逃避

留岡は教会における活動の外に福西女史に個人的にも深い恩恵を受けている。その第1は家庭内での迫害にたえかねて松村（森本）牧師のもとに走ったが、松村は幸助を福西志計子の古い蔵に連れていった。こうして福西女史は窮地に陥った留岡をかくまって助けたのである。町全体がキリスト教非難排撃に揺れ動いている時に、迫害されている人をかくまうことは面倒なだけでなく周囲の人から非難される可能性の高い危険な事で、そのような危険をものともしない勇者は福西女史の外にはいなかったのだ。福西女史だけは窮地に陥った人を見捨てることの出来ない義侠心の強い人であった。

このエピソードは昭和9年、伊吹岩五郎が『人道』（15巻昭和9年5月15日）の中で書いている。また藤井常文『留岡幸助の生涯』の中にも書かれている。しかし留岡自身も語っていないし、また伊吹・藤井以外の著書や論稿のなかにも書かれていない秘話であった。

ともあれこの秘話によっても福西女史が常人にはみられない「愛と勇気」の持ち主であったことが推察されるのである。

(2) 留岡夏子と順正女学校

留岡幸助は幸い明治18年秋高梁基督教会の奨学生として京都の同志社に入学したが、その際許嫁の（留岡）夏子を福西女史の順正女学校に働きながら学ぶ「苦学生」として預けている。夏子は働きながら学ぶことのつらさを留岡のところに書き送ったという。

大塚素が子供達の為に母夏子の生涯を記録した「留岡夏子の行状」によると、

こうして父上様（幸助）が勉学の道は容易に開けたが、母上様（夏子）は、18年2月より須藤氏の親切な助言によって、順正女学校の福西氏方に世話になる事となり、炊事やらふき掃除に身を粉にして働かれその余暇に、行々は夫（幸助）の手助けになりたいと志し、自分も教育を受けたいと思い立ち、いろはより習い初めた。その殊勝な気立と熱心さとは、当時順正女学校に学んでいた生徒の注目するところとなった。その一人に後の岡山孤児院の創立者石井十次に嫁いだ品子夫人が、その夫にかつて順正女学校の校婢に珍しい苦学励行の婦人がいたと語っていたのを石井十次が記憶していて、その婦人こそ後の留岡夫人であったと私（大塚素）に親しく話された。その苦学当時の夏子の日記を見ると、『女学校の事ゆえ、友達は日々の勉強のみに日を送っているが、私は色々な働きが多く、実に勉学の時間がなく、どうしても少しでも勉強がしたい』と書かれている。このように日々思い煩い、18年の夏頃の或る日、京都同志社に居る夫（幸助）の許に失望のあまりに手紙をさし出し、今少し勉強の時間が欲しいが、どうしたら出来るだろうかと伺った。その返事にコリント前書7章20〜24の言葉を送って下さった。そのため自分自身をかえりみ、神の恵みを感謝する心起り、失望が望みに変り、悲しみが喜びとなった。その後は如何なる時も万事を神に御まかせし、何事をなすにも神の喜び給う仕事をし、日々さっぱりとした気になった。

明治19年9月の始め、夏子様は福西方を辞して留岡家に帰られたが、間もなく京都の同志社にいる幸助君より一通の手紙が来た。それには父上様（幸助）がこれまで受けている〔教会からの〕補助金5円の中から1円を割いて母上（夏子）に与えるから、その上に幾分かミッションからの補助金を受けて神戸の女子伝道学校（現聖和大学）に入学しなさいという福音が書かれていた。夏子様の喜びは如何ほどであったろうか。そこで同年10月には故郷を発って、初めて学窓の人となった。（後略）

このように留岡は許嫁の夏子を順正女学校で学習させる機会を福西女史から恵まれていたのである。

(3) 留岡菊子と福西志計子

第3は夏子の死後、留岡幸助の後妻となった菊子さんも又、順正女学校の苦学生であり福西志計子の看病に当たった人であった。まことに不思議な御縁であったといえよう。

菊子は明治27年頃順正女学校の英語の教師をしていた青野末子先生の紹介で同校の苦学生にしてもらったという。その頃学生も増加したので生徒の病室が出来、菊子は病人の看護をすることになった。ところがこの頃から志計子女史は健康がすぐれず、時々病室でやすむこととなったので志計子先生と一緒にいることが多くなったという。その中で感じたことは志計子先生はよく気がつき人をあわれむ心の強い方だったと書いている。菊子は福西女史の沈着にして崇高なる臨終（明治31年8月21日）を見守ったのである。その後、菊子は留岡幸助が学校長を務める東京巣鴨の「家庭学校」に就職した。

留岡は明治33年留岡夏子がなくなったあと、妻を失ったため事業にも支障を来していたのを見かねて友人伊吹岩五郎のすすめで菊子と再婚したのである。

これら三つの個人的な関係からみても留岡は福西女史に対して決定的な恩恵を受けていることが理解される。恩義に報いる心の厚かった留岡は福西女史に深い感謝の念を抱いていたと思われる。

(4) 福西志計子への留岡幸助の追悼文

留岡は福西女史に対してどのような思いを抱いていたのであろうか。留岡は明治31年8月21日に死去した福西女史を悼んで「基督教新聞」789号（明治31年9月2日）に追悼文を寄せている。

その中で留岡は福西の偉業を大きくたたえている。

基督教主義の上に立てられた女学校の数は関西にも少なくないけれども、備中高梁に建設された福西志計子女史の順正女学校は関西の女学校中で最も勢力のあるもので、生徒の数も現在150〜160名もあり、十有余年の間に於てこの校の出身者として天下に顕われたるもの少なしとせず、或は教育に或は伝道に、或は家政に良妻賢母を輩出しておりそのためその名声は女学界にすこぶる高い。福西氏は何の為に婦女の身でこれ丈の功績を挙げることになったか、それは基督教の力がこの学校を支えたからである。

女史は我国に於て若しくは外国に於て有名な学校を卒業した人ではない。しかしこの学校の今日の盛況をもたらしたのはよく基督教を信じて初心を翻さず、能く勤めて修養を怠らなかったことにある。そうであるにもかかわらず人生とは憾み多きもので、この人をも宿痾にとりつかれ悲しまざるを得ない。

しかしながら女史が私達に遺した教訓は実に一つや二つではなかった。私は今女史の逝去された悲報に接して感慨措く能はざるものがあります。世の中には学識と才能を有しながらなおよく一事をもなすことの出来ない女性が多いことを知っている。卒業生として優れた肩書があるにもかかわらず、流暢に外国語を操ることが出来るにもかかわらず、その人のなかに学識と信仰がうまく兼備されず、また人徳と才能が調和していないため、空しく過ぎつつあるものも少なくない。ああ女史はこのような女性に活きた教訓を遺している。私が思うに女史の生涯は我国に於ける精神的文明に寄与するところが実に少なくなかった。

(中略)

私は今女史の訃音に接してうたた感慨に堪《た》えないものがある。私が少年の頃キリスト教を信仰するや同信者として女史の薫陶に力づけられ、或いは信教の困難を感じた時、或いは会常場裡の修業に余念なき時に女史の懇導に与《あず》かったことも少くなかった。今、この一恩人をこの地に失なうことは私にとってこれ以上の悲しみはない。しかしながら女史は私の為に活きた教訓を遺されたので私がこの世にある限りは女史の生涯に則《のっと》って、出来る限り父なる神に奉仕したい。（中略）

社会の風紀紊乱し、女子教育が退歩した今日に於いて女史のような教育家を失うのは我国精神界の痛恨事である。しかしながら死後もなお凛乎とした声を発しているのは女史の生涯である。臥牛山《がぎゅう》が崩壊しないかぎり、また鶏足の頂きが消滅しないかぎり女史の功績は永久に吾人を警醒して余りありと言うべきである。ああ人は6尺に足らない身をもって千古にわたる事業を成し遂げる。信仰により、主義に立つ人の生涯は幸いなるかな。福西志計子氏は即この種の人である。一言を記して女史の永遠を弔らう。

このように留岡は女史が高い教育を受けていないにもかかわらず、あれだけの偉業をなし得たのはよく基督教を信じ、初心を翻さず、よく努めて修養に励んだからだと賞讃している。

また留岡は少年期に信仰に入った自分を先輩姉上として可愛がって薫陶し、町の住民や家の中での迫害時自分を匿《かくま》ってくれたことに心をこめて感謝している。留岡の少年期、危機の時代、余人に出来ない深い愛情を福西女史は惜しみなく青年幸助に注いだのである。そして夏子婦人と菊子婦人もともに福西女史に救われている。二人は深い縁があったのである。

(5) 信仰美談

留岡はこの追悼文だけで気が済まなかったのか、その後、「キリスト教新聞」にすぐれた「信仰の人」についての手記を公募し、応募した手記の中から三編を選んで『信仰美談』として出版した。その中には「細川ガラシヤ」、「丹波ノブ」と並んで「福西志計子」の信仰生活が収められている。伊吹岩五郎が執筆した「福西志計子」には福西志計子の信仰生活、ことに病を得てからの信仰生活について詳しく述べられているが、その内容については九章に譲りここでは立ち入らない。

以上のように、福西志計子と留岡はキリスト教が四周から迫害されていた頃、信仰によって固く結びついた「姉弟」であったが、福西女史は才能を秘めた青年留岡を殊の外可愛がり、迫害による逃避を助けるため危険を覚悟で匿ってやり、さらに許嫁に学習の機会を与えるなど数々の恩恵を与えている。これがあったからこそ、留岡も福西志計子の死後、涙をしぼる追悼文を書き、『信仰美談』まであえて出版したのである。福西志計子と留岡はまことに美しい信仰の絆によって結びついた「姉弟」であった。

5　福西志計子が山室軍平に注いだ愛

後に日本救世軍の最高司令官となり各種の救済事業に献身した山室軍平は青年時代に高梁基督教会において伝道活動を行ったが、そこで福西志計子に殊の外可愛がられた。

(1)「福音会」と徳富蘇峰

山室軍平は備中哲多町の出身であるが、幼くして備中足守の親類の養子となった。明治19年に養家の備中足守から上京し、東京築地二丁目の築地活版製造所の工員となったが、キリスト教の路傍伝道に関心を抱き、京橋竹川町の「福音会」を訪ね土曜日の集会に出席するようになり、明治21年夏に洗礼を受けた。そしてその教会の青年会の演説会でなされた「徳富猪一郎」の講演の中で同志社の「新島襄」のことを聞きぜひ訪ねたいと思った。

(2) 同志社夏期学校参加のあと高梁教会へ

そんな折、明治22年6月、同志社で「夏期学校」が開かれることを知りこれに参加した。ところが夏期学校のあと、吉田清次郎、佐々倉士郎という学生が山室の郷里に近い岡山県備中高梁に夏期伝道に行くことを聞き、自分から頼んでこれに同行した。山室は数日郷里で過ごした後、高梁に出て別に頼まれたわけでもなく、勝手に伝道を手伝った。

その間に教会や講義所などで説教をし、その他、毎夜、老松橋のたもとで1カ月ほど路傍説教を続けた。聴衆は少なかったが、毎晩赤ん坊を背負った婦人が立って聞いていた。その人は郵便局長夫人の「横尾亀子」であった。その後、彼女がまず信者となり、数年後には夫も入信し背中の赤ん坊も成人してキリスト者となった。

山室は翌23年夏にも同志社の学生として高梁教会から招かれて夏期伝道に従事した。ある日の夜、教会の二階で集会があり、18歳の山室軍平は「キリストとその十字架」について熱誠こめて説教したが、その聴衆の中に33歳の寡婦がいて深く感動し信者となった。その人は「神崎竹代」（長年福西志計子のもとで学んだ）という人であったが、彼女はずっと後の昭和3年高梁に救世軍小隊が設けられた時、これをいたく喜び、すべての集会に出席して、若い人たちを大いに奨励したという。

さらに明治27年6月、彼は5年間の同志社における学習を止めて高梁教会に駆け込み教会の伝道師として雇ってもらい6カ月間も伝道に従事した。その時期の山室は勉強に身が入らなくなり、精神的にも肉体的にも全く衰弱していたが「神と平民のために」という初一念だけは残っていたから、いっそ学校をやめ直接伝道に従事したら希望をつかめるのではないかと思い高梁に帰ったのであった。

このように、青年山室軍平は3回にわたる高梁教会での奉仕活動で福西志計子に殊の外可愛がられたものらしい。その間の事情を志計子への手紙から推察してみよう。

(3) 福西志計子への手紙

高梁教会で6カ月間伝道師として奉仕したが思わしい結果は得られなかった。それは一つには彼が確実な心霊上の経験がなかったことと、もう一つは「どん底生活の人々」に直接ふれてみたいという抑え難い気持ちがあったからである。

このように健康を損ない、精神的に迷い精彩を欠いた24歳の青年に高梁教会の人々は殊の外温かくしてくれた。とくに教会の長老であった赤木蘇平、順正女学校の創立者福西志計子、山室の路傍伝道によって信者となった横尾亀子等はいろいろと心を配ってくれた。

この状況について鐺田研一は「こうした精神状態で彼は高梁へ行って、ほとんど強制的に高梁教会の伝道師にして貰ったが路傍説教に出ても、以前ほどの情熱はなかった。横尾亀子などは、心配のあまり相当の資産家へ、養子にでも行きなさってはとすすめた」と書いている。これから推察すると山室は第一回の高梁における路傍伝道で信仰に入った横尾亀子とは二回目（23年）、三回目（27年）の伝道を通してよほど親しくなったものと思われる。

明治28年1月、山室は高梁における6カ月の伝道師の勤めを終えてもなお傷心を癒すことなく岡山孤児院に行き石井十次のすすめに従って宮崎県日向の茶臼原へ向かった。

山室は高梁を28年1月に出発してから翌年7月28日までの間にハガキ2通と手紙3通の計5信を福西志計子に送っている。ここで手紙2通を紹介してみよう。

あの日、高梁を出発した後、歩きながら10月以来諸兄姉に受けた大変な親切を思い出し、どうして私のような者がそこまで色々、鄭重な取扱いを受けたのかと自問自答してみたのですが、私自身は決してその様な価値があるわけでなく全く諸兄姉方の大きな愛によるものであると感じ、殊に福西先生に一方ならぬ御厄介をかけました。衣服の洗濯や食事の事は勿論、その他、何から何まで、お母さんのような御愛情をもって心配して下され、誠に有難く、感謝の言葉もない程で御座居ます。

美袋《みなぎ》村を過る頃、先生から戴いた餞別を開いて見て益々先生方の御親切に感謝した次第です。実のところ負債を残さずに高梁を去ることが出来れば私に取ってはこの上ない幸せと存じておりましたところ、先生方の温かいお心により負債どころか、なを少からざる金銭を携えて岡山に向うことが出来るようになり、何とも御礼の申しようもなく、ただただ天の父に感謝しお祈り致しておるところで御座居ます。

この手紙は山室軍平が高梁でいかにお世話になったかについてのお礼の手紙であるが、衣服食事の事は勿論、何から何まで、母のような愛情をもって世話してくれたことへの感謝である。さらに加えて多額の餞別をいただいた御礼が述べられている。この手紙から山室は福西女史からどれ程可愛がられたかが推察される。24歳の若さでまだ生涯の生き方も定まらず、悩みを抱いたままの才能豊かな山室青年を福西女史は余程気に入り可愛がったようである。

第5信はすこし経過した明治28年7月28日付の書面で極めて重要な内容が含まれている。

拝啓　益々御多祥のことと推察いたします。私の一身上のことに付きましてこの数年来色々と御心配をしていただき、殊に今春来は又一方ならぬ御苦心をかけ何とも恐れ多く思います。顧みれば今日で私も満23年をなを何もなすことなくただその日を過していることは如何にも恥かしいことです。どうしてもここで私もしっかりと前途の方針を確定し神の名の為に立たなければならない時となったと考えています。

目下私の眼前にある道は凡そ四つあります。

① 藤井氏の養子となる（横屋・福西が勧めた）

② 再び同志社に帰ること。これは友人が勧めている。

③ 直接伝道者となる。

④ 労働者の間に入込むこと

①について熟考してみましたが、養子問題のようなものは、先方から求められる可きもので、決して私より言い出すべきものではありません。

私のような徒手空拳の一書生が堂々たる地位のある婦人と結婚し、由って以て事業を始めると云うようなことは神が為す摂理の中でも百に一つも在るか無いかといった非常手段であり、そのようなことを求めるのは実に僥倖心の骨頂であります。私は初め先方より此の事を求められる事と思って何気なく此の問題を考え初めていましたが、勢の赴く所今は知らず知らずの内に此の恐るべき僥倖心の骨頂に達して居ます。何と危険な事でしょう。何卒甚だ申兼ねますが藤井氏の一件は従来の行縣りもありますが、とも角今日限り断然、私からいたしました申込を御取消下され、もし天による縁があり他日先方より御求めにでも成られれば其時のこととして、私の方からこれを請求するようなことは取止めることとします。半年間いろいろ御心配を煩しましたことではありますがこれはただ神が鍛錬せん為に一時与えたまいし試練だと認めて諦め下さるよう切望いたします。

② （省略　同志社には復学しない）

③ （省略　直接伝道者となるのも困難）

④ このような事情で終に私は一種の労働者となって身を起さざるを得なくなりました。私がどうして下層労働者の為に尽すことに適しているかは友人等の皆認めるところで、また自分でもいささか信ずるところがあります。既に昨年末、私の親友等が同志社において私の事を相談したところ「社会党」という仇名をつけたという事からしても其の大要を察することが出来ると思います。

私が今何か一つの労働に身を委ねたら、其の結果必ず7、8年の間において一箇の模範的な労働者となることが出来ると思います。一箇の模範は10箇の空言者に優ります。こうして都合よく行くなら一職工群のなかの職長となりあるいは一会社の社員となり都合が悪くても最も敬虔で最も勤倹な一職工となって身を以って同輩を教化し、また将来に起り来る可き職工の困苦疾痛に対しては、その代言人となり代表者として之を天下に発表してその救済策を講ずることが出来れば一生の成すべき仕事が幾ばくかはなしたといえます。

昔貫高と申す人はもし事が成功したら主の功と帰し、失敗したら独身を貫くと言いました。私の今日の事は之に類しています。事が成功したら神の栄光をたたえ、失敗したら元の木阿彌であります。そこで若し私の貧窮を厭って嫁に来る人がなければ独身でも致し方ない。キリストも妻子の楽しみには預られなかった。

しからばどのような労働者となるべきか、田舎で始めるか東京近辺へ出ていくか、海岸にて働くか、山中にて始めるか、また関東か関西か、是はさし当り来る八月一杯までに私が決定すべき問題です。

あまりに思うままを率直に申上ましたがいつもながら大層小難かしい手紙と相成ましたが何分にも御推読下さい。

恐縮ですが此の手紙を妥当なことと判断されますなら之を藤井氏にも御覧に入れていただき、右のような事情で、これまで私から申入れていました事は取消下さる様にお話し下さるようお願いします。この上とも御自愛御精勵下さるよう伝言下さいますようお願い申上げます。何か余りに同氏には失礼したと思いますが全く一身をもって神の御栄の為にとの誠から出た事ですので悪からず御承知下さるよう御願いいたします。

明治28年7月28日　早天

山室軍平

福西先生様、横屋幸完様、横屋姉上様

明日から今後のことに取掛る可き労働の詮索を始めることを悪からず御認め下さるようお願いいいたします。

この手紙は青年山室の秘話の類のものである。第2信と第5信の内容からみて山室にとって福西女史はどんな秘密も打ち明けて話せる姉上であったことが推察される。また最初(明治22年)の高梁での路傍伝道によって山室のファンとなった横屋夫婦は才能はあるもののまだ定職にもつかない青年山室に養子先を探して高梁に定着させようと画策し、福西女史と協同して養子話をすすめていたわけである。山室がいかに両人に可愛がられいたかがよくわかる秘話である。

6　後継者伊吹岩五郎へ向けられた志計子の愛

(1)　伊吹岩五郎の生い立ちと立志

花田（伊吹）岩五郎は福岡県宗像郡赤間村に生まれたが、幼くして父を失い母の手で育った。後に花田が書いた文書からみて、母の愛情と兄弟愛を十分に受けて育ったものと思われる。

岩五郎は寺子屋、塾、中学校に学び、さる企業に就職していたが、途中で退職して小学校の教師となった。教師は岩五郎にとってやり甲斐のある職業であったので全力をあげてこれに精励した。

こうした教師の勤務に精励していた頃、岩五郎にとって重大な人生の転機が訪れた。それは基督教の「聖書」に接したことである。彼の信仰は次第に深まり、福岡基督教会において洗礼を受けた。受洗のあと2年間は小学校の教員の職にあったが、明治20年8月に退職し、京都の同志社英学校の神学科に入学し本格的にキリスト教を学び始めた。4年後に卒業し、24年8月鳥取教会の伝道師として赴任した。

花田は大いなる抱負を持って伝道を始めたにもかかわらず、山陰の気候は花田の身体を蝕み、わずか20カ月で伝道師を辞し失意のうちに郷里の福岡で療養することとなった。

幸い郷里での療養は効験あらたかで病はわずか3カ月で癒え健康を取り戻した。彼は健康を回復したとなると一日も無駄に費やすことを惜しみ四国の土佐教会に赴任した。南国土佐の気候によって花田の身体は更に健全なものとなったが、今度は社会的風土が花田の性格と適合せず、8カ月程で土佐教会を辞し、岡山県玉島の光延義民のところに身を寄せた。そこに岡山孤児院の石井十次が電報で岡山に来いと誘って来た。これを受けて花田は明治27年3月から「岡山伝道義会」で働くこととなった。

(2) 岡山伝道義会

ところで岡山伝道義会なるものは明治26年の大洪水後、水害被害者伝道のために結成されたものでペテーや同志社でクラスメートであった光延義民が属しており、石井十次が主宰していた。花田の勤務は岡山には月火水木、倉敷には金曜日から日曜日の朝までいて、日曜日の午後は天城で活動していた。しかしこの伝道義会は明治26年の大洪水の災害に対処するためのものであったから、27年限りで廃止する組織であった。そこで花田は石井十次と相談のうえ28年から岡山で貧民伝道をするつもりでこれに関する調査をいろいろと進めていた。しかし結果は思わしくなかった。

(3) 高梁教会応援説教

そのような折から明治27年5月、備中高梁教会から花田に応援説教の依頼があった。当時高梁教会は専任の牧師がなく、代わりに四国松山教会の二宮邦次郎牧師に、2カ月に1回巡廻説教に来てもらっていた。そんな状況の中で、高梁教会が花田牧師に応援説教を依頼したのである。この応援説教は1週間の予定であったが、延びて2週間にわたって行われた。しかしこの高梁訪問が花田の人生の決定的な転機となったのである。2週間の間に34回ほど説教し、順正女学校でも2、3回説教している。この訪問で花田は福西志計子と出会い次第に親しみが深まっていった。

(4) 石井十次一行の松江旅行

27年11月には石井十次の発案で一行数人で松江のバックストンのところへ世界救世軍の話を聞くため訪問旅行した。岡山から石井十次、石田祐安、河本茂四郎、花田岩五郎の4名で出発し、まず高梁に向かい油屋に宿泊し、福西女史を訪ねると、彼女も松江に同行することになった。福西女史は車（途中で病人と交替）で他は徒歩であった。花田は会計係を務め、殿《しんがり》を歩くこととなったので、福西女史と話す機会がふえ、次第にますます親しくなった。この旅行中に石井十次は花田の今後について福西女史と話し合ったものと思われる。ここで福西女史は花田を高梁教会の牧師に迎えることを決意したものであろう。

(5)　花田岩五郎の結婚式

花田を高梁教会の牧師に迎えたいとの福西女史の思いはさらに強まり、須藤英江と協力して花田を高梁の伊吹家の入婿に迎えることを考えて実行に移した。すなわち四国松山の牧師で、現在、無牧の高梁教会の巡回説教に来ている二宮邦次郎牧師の義妹の入婿に来てもらうという案が実を結んで急速に話がすすみ、28年1月29日、順正女学校で結婚式をあげた。式には岡山から石井十次が岡山孤児院の音楽隊をひきつれて参加しにぎやかな花を添えた。ここに伊吹岩五郎が誕生したのである。

(6)　高梁教会牧師就任にまつわるエピソード

伊吹は高梁教会牧師について自らの「思出の記」の中で次のように述べている。

常任の地位につき経験のすくない伝道者にとっては既成教会の牧会は相当困難なものがある。石井十次君は私が高梁に行くと決めたとき、高梁の如き古き教会に青年伝道者が行けば死ぬぞと言った。私は答えて、どうせ死ぬものなら高梁で死ぬこともまたいいことだといって別れた。しかし新しい伝道地より既成教会に対しては私は一つの興味もあった。

それというのも前任地の二ケ所はともに既成教会であったためでもあろうか。

ここには信頼し合った人間同士のフランクな会話が交わされており、石井十次の率直でユーモラスな一面がうかがわれる。事実、石井十次は花田（伊吹）の将来を気づかいながら、自分の手もと（岡山孤児院）に置きたいという気があったようである。

それは同じ頃に高梁教会で伝道していた山室軍平が福西志計子に宛てた手紙の中にうかがわれる。それによると石井十次は次のように考えていた。

花田兄に対する（福西女史の）御伝言は確かに申伝えました。石井兄の意見によると花田兄が救世軍の為に働き初めたとて若し高梁に伝道することが双方の為になるなら石井兄弟においては少しも申分はなく、ただ心配になることは花田兄も最早31歳になるので何とか確たる将来の方針が定まらないでは済まず、それ故若し高梁教会にて3年や5年の臨時雇ではなく10年以上も永続して頼み得る決心と見込があればいささかも申分ありません。しかしながら石井兄の考える所では花田兄は牧師としては少々不適当の人物であるから高梁教会で申分なく10年以上も勤める事は到底覚束ないと思う。果してそうであるならば2

年か3年で又々辞職という事になる。そうすれば30歳を越えた男子が今更彼是さまよい廻る事となります。そう考えると花田兄の為には矢張り不就学児童の教育をしながらその傍らで伝道をするのが最も得策と考え、石井兄は（山室）私に向って若し手紙を高梁に出すのなら私（石井）の意見は上に述べた通りだと書き送ってくれとのことです。

この文章に見られるように石井十次はいささか牧師の資質に欠けるところのある（鳥取教会と土佐教会を短期間で辞職したことか）花田は長期にわたって勤めることは出来まいから、石井の側に置いて不就学児童の教育に従事する傍ら近郊の応援説教をするのがよいと考えていたのである。

(7)　高梁教会牧師

前にふれたように伊吹岩五郎は福西志計子が画策し、岡山孤児院長の石井十次の推薦と二宮邦次郎の後援とによって高梁基督教会の牧師となったのは明治28年2月末、伊吹が32歳の時であった。

『高梁基督教会120年史』には、

この時を初頭として彼の生涯を通して50余年、始めは牧会者として直接に、次いで順正女学校長として間接に教会との接触を続け、ある時は牧会を援けて伝道に従い教会の会員としては役員または執事としてその中核にあり、後に名誉牧師の職を以て終始伝道に精進して90余年の多難な生涯をこの高梁の地に終わっている。

と記されている。伊吹は明治28年2月に牧師に就任し、33年12月に順正女学校長に専念するため辞任するまで6カ年にわたってその職にあった。その間、28年11月には古木虎三郎の説教と宮川経輝に伝道をしてもらった。29年には古木虎三郎の説教、留岡幸助の伝道、溝口貞五郎の説教、小﨑弘道の伝道を受けている。30年には古木虎三郎・溝口貞五郎の説教、原田助・杉田潮の伝道を受けた。31年にはゴードンの説教、救世軍の伝道があった。32年には海老名彈正の伝道説教があった。33年には松村介石・古木虎三郎の伝道説教を受けている。

これを見ても伊吹の牧師在任中にキリスト教界でも著明な牧師が伝道や説教に訪れていることがわかる。

(8) 順正女学校講師

伊吹は明治28年2月から高梁教会の牧師に就任すると同時に4月から順正女学校で毎日1時間、週6時間の講義を持つこととなった。福西女史はそんなある日、次のように話した。

あなたは伝道がいやになったら学校をやって下さい。此事なら何も遠慮はいらないから。

このことから明らかなように福西女史は就任して間もない青年牧師を全面的に信頼し、すべてをまかせる心情になっていたのであろう。ここには思い込んだらとことんまでやり遂げずにはおかない福西女史の面目躍如たるものがある。結果からみると福西女史が望んだ通りになっている。福西女史は最初から直感的に伊吹岩五郎が自分の後継者になると感じ取っていたのではないか。福西女史と伊吹は不思議な因縁があったと言うべきであろう。

(9)　福西志計子の病気療養と信仰による癒し

伊吹は最初の2年近くは週6時間、修身科などの講師であった。ところが福西女史は明治29年秋頃から過労のために体調をくずし糖尿病になり、30年には転地療養したが病勢は好転しなかった。そこで高梁に帰りしばらくは学校の病室で休みながら時に教壇に立ったりした。しかし病状はさらに悪化したので自宅に帰って療養につとめた。その為、伊吹は次第に学校の業務に深くかかわるようになった。

31年に入ると伊吹は毎日のように福西女史の病床を見舞うようになり、女史もまた伊吹を心待ちするようになった。

伊吹が聖書をひもとき聖句を読むと女史は心から喜び次第に死を受け入れ従容自若として天国へ旅立った。福西女史の死後、留岡幸助の勧めで伊吹は福西志計子の「信仰美談」を執筆している。

福西女史の信仰生活と臨終については九章で詳細に述べたい。

以上、福西志計子は木村静との間には生徒達がそう呼んでいたようにあたかも配偶者のような一身同体の親しい関係を持ち続け、また愛弟子河合久とは師弟以上の母子のような親しい関係に恵まれた。

さらにこれに加えて、福西女史は明治期の社会事業の三大先覚者、石井十次、留岡幸助、山室軍平のすべてから心の底から敬愛された。これ程、華麗な人間関係に恵まれた女性が日本中に外に居たであろうか。福西女史だけがその栄光に浴している。また大変興味ある事実は明治27年秋、福西女史は24歳の山室と32歳の伊吹の養子縁組を併行してすすめていた。山室の場合は不成功に終わり、伊吹の場合には成功したのである。福西女史の親切心はどこまでも徹底したものであった。当時、福西女史は関西のキリスト教会ではまさにスーパースターであったからその名を慕って生徒は中国、四国、九州の各地から鉄道もない中国地方の山中の小さな町高梁にやって来たのだ。

福西女史は自ら見込んで結婚相手を探し、教会の牧師職につけ、学校の講師になってもらった伊吹岩五郎から神の御心としての聖句を教えられて割然と悟り、従容として天国へ旅立った。こんなにすばらしい人達に囲まれて自ら信頼しきった人に後事を託し安心して生涯を終えた福西女史はやはり幸せな人であったと言えよう。

八章　福西志計子の人間像

1　福西女史をめぐる人間像

福西女史は松山藩士の子供に生まれたが、父が7歳の時に死去された為、母の実家で育った。17歳の時養子を迎えて福西家を再興したが松山藩は戊辰戦争後朝敵となり、1年8カ月も占領された松山藩士の生活は苦しかった。女性ながらも職業を持ち家計を助けるとともに自己の能力をのばし、社会にも奉仕したいと考え明治8年、「岡山裁縫伝習所」に学んで明治9年には女紅場（10年には小学校付属裁縫所と改称）教員となった。そんな中、12年10月、金森通倫、13年2月には新島襄が高梁を訪れてキリスト教の説教を行ったが、これを聞いた女史はいたく感動して信者となり、基督教婦人会を結成して活動するようになった。ところがそのことが町議会で問題となり、信仰を守るか、教職を守るかの二者択一を迫られた。女史は潔《いさぎよ》く職を辞したが、その逆境をバネに同年12月に私立裁縫所を立ち上げたのであった。キリシタン禁制が廃止されて10年もたたずまだほとんどの市民がキリスト教忌避の感情に支配されている地方の町高梁で、彼女は「治にいて乱を起す」行為、精神の大改革運動を推進したわけであるから、さまざまな毀誉褒貶にさらされたことはむしろ当然のことであった。こうして次のような人間像がつくられていった。

(1)　すぐれた実行力

福西志計子はたび重なる試練に直面しながらその度にピンチをチャンスに変えて思いがけない成功を収めた。まずキリスト教婦人会を作って活動し、町民の非難にあって裁縫所教員を辞職したが、5カ月後に私立裁縫所を立ち上げた。次に教会の迫害の真っただ中でもこれに屈することなく、順正女学校を創立した。その後、生徒の増加に対応した校舎の増築に必要な資金集めに骨身をけずって完成したあと、過労のため病魔に冒され52歳で昇天した。

福西女史が秘めていた実行力は奔馬のようにとどめ難いほど強力であった。女史は高梁基督教会においても有力な柱石であっただけでなく、最高の実力者の一人であった。①明治12年10月誰もが躊躇するキリスト教の「風俗改良演説会」および13年2月の新島襄のキリスト教演説会に会場を提供したのは福西志計子の裁縫所であった。②明治15年4月高梁基督教会が設立され15名が受洗したが、それは男子8名と女子7名であった。福西女史に率いられた婦人会のメンバーは受洗者の47%に達していたのである。福西婦人軍団は強大であった。③明治15年4月教会設立後順調に教勢を伸ばして来た高梁教会も26年12月に寺沢牧師が辞任して牧師不在となった。この危機の中で、1年2カ月後伊吹岩五郎を高梁教会の牧師に就任させたのは福西志計子等であった。実質的に見て福西女史は教会の最高実力者の一人であり、順正女学校は高梁の文化センターであったと見てよい。

女史が抜群の実行力を持った人であったことは何人も認めざるを得なかった。ところが貞淑をもって女性の理想的なあり方と考えられていた明治10、20年代には女性が実行力を持つことはむしろマイナス・イメージとしてとらえられ勝ちであった。家庭的であるよりも事業的であることは女性としてはマイナスに受け取られていたのである。

(2) 男より男性的である。

すぐれた実行力とセットにして論ぜられるのは福西女史の性格が男性よりも男性的であったという点である。男性的であるというのは思った事を発言し、実行するということであろう。生徒達の中では福西女史をお父さんと呼び、木村静をお母さんと呼んだという。120年前に、女性が男性なみに思い通りに活動したならば男性的と見なされるのは当然であったであろう。

「歿後三十年に当り　福西先生を偲びて」の中で「西村はまの」さんは次のように書いている。「先生は男勝りの方でしたから殆ど独力で母校を設立されましたが随分とその経営には苦心されました。殊に時世の進歩に後れない様にと母校発展の寄付金を募集された時は、男子も及ばぬ御奮闘振りで絶えず内を外に奔走されましたので、理解の無い人々の中にはあんな男子の様な人には子女の教育は託せられない等、悪口を言うた者もありましたが、其れは全く先生の隠れた半面を知らない人の云う事です。」と述べている。

福西女史は女性的であるより、むしろ男性的な人だと思われていた。

(3)　威厳があり時に冷酷でさえあった。

男性的であることと関係があるかも知れないが、生徒達の記述によると福西志計子先生には何とも言えない威厳があり、生徒達は威厳に畏服しており、先生の気配がしたらすぐ静まり、ピーンとした緊張感が支配したという。

１２０年前の女性としてはきわめて珍しい性格を備えた人であった。

伊吹岩五郎は福西女史について次のように書いている。「対人的には外交的であったし、同僚や生徒に対しては厳格で、冷酷な一面さえあった。人を信じればあくまで信頼したがいったん疑えば容易に信頼を回復しなかったと伝えられている。生徒からはむしろ畏服されていた。男性よりも男性的であったといえる」

伊吹先生はとても正直に良い面も悪い面も書いているから、厳しい面、冷酷と思われる面があったことは確かであるが、具体的にどんなことがあったのかについてはあまり書かれていない。

さてこれらの点を総合すると「男性的で実行力に富んだ人であったが、他人にもとても厳格で冷酷でさえあった」というややマイナスの人間像が構成されている。

勿論、120年前のことであることを考えればひたすら貞淑であることがよしとされた時代に、男勝りであることはそれ自体が非難に値することであった。まして地域社会の伝統的価値体系を否定し、新しい価値（宗教）を受け入れて実践したのであるから、許し難い行為であったことは明らかである。こうして福西女史にはむしろマイナス・イメージが構成されたのはむしろ自然な成り行きであったといえよう。

しかし120年を経た今日、人間として男女は同権であり、女子といえども自由に人生の生き方を選択し行動することが出来るようになった。この時代から見ると福西女史の革新的行為はむしろ大いに称讃される行為である。

さらに積極的にみると福西女史にはあまり語られていないプラスの面があった。その一つは福西女史がもっていて実践した人間愛である。人に対する慈愛心が人一倍強かった。方谷の「惻怛」に通じるものであろう。

次に福西女史の人間像のもう一つの姿を描いてみよう。

2　福西志計子の新しい人間像

(1)　理念追求型の人

福西女史は生まれつき「理念追求型」の人間であった。志計子は7歳で父を失うという悲運（試練）に見舞われたが、賢母の教えにしたがって、女子に学問など思いもよらないと考えられていた時代に、隣家の山田方谷の門をたたき句読を受けたことが、このことを何よりも雄弁に物語っている。それが明治維新、文明開化の流れのなかで明治12年10月以降、キリスト教の人道主義的人間愛に接して敬虔な信者となり、高い理念を追求して終生ゆらぐことはなかった。

(2)　信仰の人・祈りの人

既に述べたようにクリスチャンとなった福西女史は婦人会を結成してそのリーダーとなり、高梁教会の実力者の1人でもあり、篤い信仰の人であった。そこで順正女学校でも聖書を読み賛美歌を歌った。学生達は「人間愛」を教えられ、福祉の心の満ちあふれる雰囲気の中で学習した。

増加する生徒に対処するための福西女史は校舎を増築する必要を痛感していたが、悲しいことには生徒の授業料では増築資金を生みだすことは全く不可能であった。福西女史にとっては神に祈るしか外に道はないと考えてひたすら祈った。そこで明治23年下半期ごろから「木曜日会」なるものが組織された。この会は福西女史をはじめ教師で信徒でもある人達が校舎の新築の実現を願って為される静かな「祈祷会」のことであった。この静かな深い祈りの成果は3年後の26年10月26日に新築相談会となって現実化した。

「歿後三十年に当り　福西先生を偲びて」の中で松山市の「西村はまの」さんは、次のように書いている。

先生は実に御優しい賢婦人でありましたが更に先生の勝れた点は信仰の徹底して居られた事であったと思います。先生が信者となられた後、御母堂と後主人も極力キリスト教に反対されたので先生は非常に苦心されました。そして毎日御中食の時には必ず土蔵に入って御二人の救いのため熱心に祈りになりました。それで後母堂は3年後、御主人はずっと後でありましたが遂に受洗される様になりました。私が母校へ入学して間もなく受洗して家族から迫害を受けました時、御自分の身の上につまされてか非常に私に同情して下さっ

て、度々聖書の御言葉を以て勵まし常に熱心に私の為に祈って下さいました。（中略）

先生は母校の拡張工事が出来る少し前から病床の人となられたので、私共は御案じ申し上げて度々御見舞に参りますと「神様は今まで自由に働くことのできる健康を私に与えて下さったので、不充分ながら活動して曲がりなりにも学校の順がつきましたから、今からは祈る様にとこの病気をお与え下さったのだと思います。それ故感謝して居ります。」と仰せられ、私共は大変に励まされて帰るのが常でありました。

殊に私にとって終生忘れることの出来ぬのは、明治30年5月30日私が再び松山へ行くためのお暇乞いに参りました時、あまり先生の御衰弱が甚だしいので悲しくなりまして涙に咽びつつ其處に泣き伏してしまいました。すると先生はいつもの様に厳然たる態度で、早く松山へ行き、西村さんの事業をお助けなさい。私の看病をする者は澤山居ります。安心して行きなさい。お別れに唯一言御餞別を上げます。「神様の与え給う仕事は自分を忘れ祈りと断食とを以て之を務めねばなりません。私も御身の為永久に祈りますよ」と言いすてて直ちに出て行かれました（後略）

と書いている。ここには福西女史が祈りの人であったことの真髄が示されている。

(3) 先見の明、進取の気象

これまで度々ふれたように福西女史は7歳の時父を失うという悲運の中で、母の教訓にしたがって、激動の時代にあって女性が強く生きていく為には女性も職を身に付けなければならぬ。しかるに現状は女性には学問はいらぬと差別され、学習の機会も就業の機会もほとんど与えられていない。そんな中で福西女史はなんとかして女子に教育の機会を増進する必要があると思い定めていた。そこに新島襄のキリスト教の講演の中で女子教育の重要性を聞き、感動してクリスチャンになったのであった。

その後キリスト教への世人の偏見が私立裁縫所の設立となり、さらにメアリー・ライオンの伝記に触発されて順正女学校の設立になったのである。女性の生き方について福西女史は50年も100年も先を見ていたのである。女史はまた一般的な文化・文明についても関心が深く、それをいち早く摂取することに努めていた。

「福西先生を偲ぶ」の中で高梁の「神崎竹代」さんは次のように書いている。

又先生は先見の明があり終始世の文化に心ざし明治5、6年の頃から、女子の覚醒という事を申され、女子も男子も変りはない。教育がわるいのだから女子教育が大切だ。又女子も職業が大切だ。必ず生活の出来るだけは心得て居なければいけないといって、ミシンが当地へ参りましたのも先生が一番にお求めになり洋服類を教えて下さいました。

次に高梁町の「綱島きん」さんは、

明治20年の頃帝都の地に参られ女子の為必要なる洋服の仕立並びに西洋洗濯、毛糸編物、造花、其の他色々の手芸を学ばれ、帰国の後には学校の為又社会の為に働かれ、率先者となり先導者となられました。

と書いている。

このように福西女史は50年も100年も先を見てそれを一歩一歩前進しようとしていたのである。

(4)　勇気の持ち主

次に福西女史は並はずれた「勇気の持ち主」であった。まず第1は明治12年と13年に自由民権運動とキリスト教の伝道という反発が予想される「風俗改良演説会」の会場は福西女史の勤務する小学校付属裁縫所であった。明治維新から12年経っているとはいえ宗教に関する意識は一朝にして変わることは難しい。6年前まで邪教として厳しく禁じられていたキリスト教の講演会場を提供するのに人が躊躇するのは当然である。その中で恐れを知らない福西女史だけが自分の教場を会場に提供したのだと著者は推定している。

第2にキリスト教の婦人会を結成して、そのリーダーとなり「風俗改良懇談会」などの活動を行ったかどで非難されたため14年7月裁縫所を辞職したが、同年12月には私立裁縫所を設立した。町中の非難の中で正に剛胆不敵な行為であった。

第3は町からも家族からも迫害され、「天《あま》が下には隠れ家もなし」といった窮地に陥った留岡幸助をただ一人福西女史が家の古い蔵に数日匿ったという事実は勇気というより侠気と言うべきであろう。

これらの行為はひとつ間違うと暴力的制裁をひき起こす危険さえあり得る事柄であり、当時、このような行為を女性が断行するということは全く考え難いことであった。それは蛮勇というべきであろう。伊吹岩五郎先生は福西女史を「女傑」と表現しているが、それは決して誇張ではなく正真正銘の「女傑」であった。

(5) 厳しさの中の真の生徒愛

福西先生は何ともいえない威厳を備えた人であった。「福西先生を偲びて」の中には次のような生徒の記述がある。

先生は又威厳のある方でした。けれども何となく近づきたい様な気も致しました。先生の声を耳にしますとき私等はハッとしますが非常に嬉しくも思いました。教師として生徒に対する時は誰も親切ということが必要でありましょう。師が生徒に親切にされる時生徒は心から喜びを感じます。福西先生は親切そのものの先生でした。生徒であるからと云って軽蔑される様なことは全くなく、私達が物を尋ねる時も先生は親切に丁寧に教えて下さいました。私達にはこれが又となく嬉しかったのでございます。同時に又一度教えられたことは決して忘れられませんでした。先生は少しも質問をうるさがられず、却って質問しないのを嫌われました。それで私達の方でも解らない所があれば憚りなく質問することが出来ました。先生には威厳もありましたが同時にそれ丈け優しい所もあったのでございます。(神崎むめ)

理解の無い人々の中にはあんな男子の様な人には子女の教育は託せられぬ等、悪口を言う人もありましたが、其れは全く先生の隠れた半面を知らない人の云う事です。御家庭の内に於て御母堂に対する御孝養や御主人に対する御奉仕の様子を伺いましては、誰か先生を婦人らしくない婦人という事が出来ましょう。（西村はまの）

病をおして一日に一度は学校に来て下さる。私達のその頃はああ先生と聞くや、静かにおとなしく只責められない様にと畏れたもので御座居ます。其威厳ある尊い御人格の程、誰一人慕はぬ者はございません、然れば私共のクラスへは四国、九州方面よりはるばる学ばるる方がいたのも先生の御徳の然らしむる處でございましょう。（佐藤ふみ）

不幸にも寄宿舎生活をしませんでした。その為か当時は只福西先生はこわい先生だと思っていました。先生はよく御自分のお召物を教材に貸して下さって出来上ると着てみて此所がいけない彼所がいけないとよくおこごとをいただきました。先生が私共の為にいつも御心を用いて下さったと言う事は先生が亡くなられてからやっとわかりました。（中村さの）

福西先生は女性に稀なる意志の強い勝気なお方でした。何事も自分の意の如く前進する男性的な現代に見る多くの女性其のままのように感じて居ります。夫故にこそ明治の初年に於てあれだけの御事業を御達し遊ばしましたものと確信して居ります。私共友人間では福西先生は旦那様、木村先生は奥様と申して居りました。福西先生の「やりて」なることは申すまでもありませんが、一方木村先生の内助の功も又見逃すことの出来ない事実で御座居ました。先生に教えて頂くとき一番気持ちのよかった事は数理的の頭の御持主であっただけに萬事合理的でしたので今でも其時の事をはっきりと覚えて居ります。強い御性質の中にも又一人一人の生徒について御親切に御導き下さいます御心情には感服致して居りました。（泥谷梅）

教師としての福西先生は教授に熱心親切にして教えて下さいました。何と申しましても言い得ざる凛然たる点がありまして規律が正しく立って居ました。女子としての福西先生は一般の人が評をして福西先生は男の様なと申します。それは女子でありながら如何なる高貴なる男子の前にても遠慮なく堂々と話して通っていました。併し女子として最も優美な点がありました。或晩、寄宿舎へ陶山千恵子姉、村井郁子姉と私三人をお招き下さいましてお茶会を開かれました。先生は被布姿で炭手前から始められましてお茶をたてられま

したが、其手前のあざやかで優美な点は感心の外はありませんでした。（綱島きん）

これらの生徒の追憶を読んで受ける印象は、多くの生徒が畏服していたことは明らかであるが、その背後に福西先生が心の底から生徒のことを思い善導したいという温かい心情があることを多くの生徒達が理解していたという事実である。福西女史は心の底から生徒を可愛く思っていたからこそ本気で生徒を叱ることが出来る教師であったし、真の愛を秘めた厳しい指導の出来る教師であった。生徒もそのことを十分に理解していたのである。

また男よりも男らしいというのは、どんな高貴な男性とも堂々と対応出来る女性という意味であったとすれば、それは蔑視であるよりも、むしろ称讃だと言うべきであろう。要するに福西女史の厳しさの根底には温かい生徒愛があったから、それはマイナスに評価すべきではなく、むしろプラスに評価すべき価値である。

⑹　深い慈愛の人

伊吹岩五郎が述べているように福西女史の人格は一面的ではなく多面的である。一面では熱意にあふれ親切で丁寧であるが、他面では男性的、行動的で人に厳しく、時に冷酷で一度疑えばなかなか疑いが解けなかったというマイナス面もあったが、不幸にしてマイナス面だけが強調されて来たきらいがあった。そのせいか人を信じればあくまでも信頼したという事実はあまり紹介されていない。その事実とは何か。そこには底知れず深い人間愛がみられたのである。それを留岡幸助、山室軍平、伊吹岩五郎について前章で詳しく述べたが、再び要約してみよう。

①　留岡幸助への姉弟愛

留岡幸助は高梁にキリスト教が初めて伝道されて以来、厳しい迫害のなかで高梁基督教会が設立されていく過程で迫害と共に闘った信仰上の同志であり愛すべき弟であった。ことに幸助が家族内の迫害を避けようと家出した時、福西女史だけが危険を承知で自宅の古い蔵に匿ってやり、時を見て岡山・今治に逃してやっている。また18年秋幸助が京都同志社に入学するに当たって、許嫁の夏子を順正女学校の苦学生として受け入れ面倒をみたのも福西女史であったのだ。また29年、幸助の母の葬儀の際には福西女史は勿論、順正女学校の生徒多数が奉仕している。留岡は福西女史に厚い情を受けているのである。

他方、留岡も又福西女史に対し深く感謝し報恩の気持ちをもっていた。留岡は福西女史の逝去に際しキリスト教新聞に心のこもった追悼文を書いた。留岡はこれにとどまらずさらにキリスト教徒の手本になる深い信仰を守った人の記事を公募しこれを『信仰美談』として公刊した。その中には「細川ガラシヤ、丹波ノブ、福西志計子」の烈々たる信仰生活が記されている。福西女史の信仰はそれほど堅く美しいものであった。留岡はそのことを天下に公表したのである。

さらに福西女史の死後のことであるが、福西女史の薫陶を受け、また病床の女史を看護して最後をみとった菊子さんが、伊吹校長等の推薦で留岡夏子さんの死後、留岡の後妻となって幸助を助けたという事実はまことに不思議な御縁と言わなければならない。

二人の姉弟愛は計り知れないほど深いものであった。

② 山室軍平への母親の愛

山室軍平が最初に高梁教会を訪ね路傍伝道に励んだのは明治22年秋弱冠17歳の時であった。福西女史は若い山室をよ程に気に入り可愛がった様である。異常な能力を備えた山室を並はずれた資質を持った人物だと福西女史は忽ち見抜いたのである。そこで翌23年夏も山室に夏期伝道を依頼した。そして27年6月には同志社の勉学に挫折し憔悴し切った山室が向かった先は福西女史のいる高梁教会であった。そこで山室は半年間ひたすら伝道に励んだが然るべき成果をあげることは出来なかった。このように信仰にも迷いが出て精神的にも衰弱のみられた山室を心配し、福西女史は横屋夫妻と協力して、山室を高梁のしかるべき家の養子に入ってもらおうと努力したのであるが結局それは成功しなかった。

3度目の高梁滞在の折には福西女史は山室を文字通り、母親のように面倒みた上、多額の餞別をあげたらしい。このような福西女史の慈愛が若い山室の胸にどのように響いたかは想像に難くない。若い異才の持ち主である山室への福西女史の慈愛は底知れないほど深かった。

③　伊吹岩五郎への姉弟愛

花田（伊吹）が牧師不在の高梁教会に応援説教に呼ばれたのは明治27年5月であった。当時高梁教会には専従の牧師が居なかったので松山から二宮邦次郎牧師が2カ月に一度巡回説教に来ていた。1週間の予定であった花田の応援説教は2週間続けられた。福西女史等は花田に好感を持ったが、さらに11月には石井十次主宰の松江旅行に花田、福西、山室も同行してさらに親しくなった。福西女史は須藤英江さんと協力し、花田を二宮牧師の義妹の伊吹家への入婿にする案をすすめた。この案はうまく成功し28年1月順正女学校で結婚式を挙げた。花田の人柄にほれ込んだ福西女史は花田の入婿先を決めて学校で結婚式を挙げ、教会の牧師就任に合わせて順正女学校の講師も引き受けさせた。強引と言うか剛腕と言うか福西女史の実行力の凄さがわかる話である。

福西女史は伊吹に向かって「伝道がいやになったらやめて、学校をやりなさい。このことは遠慮することはないですから」と言ったという。あとから考えるとこれは順正女学校の行方についての予感だったといえよう。福西は最初から伊吹を自分の後継者だと予感していたのかもしれない。

過労がたたって福西女史は29年夏頃には体調をくずしたが30年になると次第に衰弱していった。伊吹は毎日のように病床を訪れ、福西女史もこれを心待ちするようになった。病床で伊吹は聖書をひもとき、福西女史も一緒に賛美歌を歌うのが大きな喜びであった。ある時伊吹は詩篇の23篇を大書して病室に貼ってやると福西女史はとても喜んでこれを大声を出して繰り返し読んだという。

病床の福西女史が昇天したあと伊吹は留岡の勧めで『信仰美談』を書いたが、その中には「細川ガラシヤ」、「丹波ノブ」に合わせて福西女史等三人の信仰生活が述べられていた。福西女史の信仰はそれほど気高く美しいものであった。

伊吹は福西女史死後30年目に「歿後三十年に当り　福西先生を偲びて」を出版して福西先生を多くの人が追慕した。

福西女史と伊吹岩五郎の関係もまたかぎりなく美しい。

3　福西志計子の家庭生活

福西女史の人柄に関して最も重要な疑問は女史の家庭生活すなわち夫婦関係や母親との関係はどのようなものだったかという点である。生徒は勿論、父兄や一般人の間にもこの点について疑惑を抱く人がいた様である。「福西先生を偲びて」の中にも

強い御性質の中にも又一人一人の生徒について御親切に御導き下さいます御心情には感服致して居りました。然し在学中より只今も猶疑問に思うて居りますのはあれだけ理智に富んだ先生が御良人と御別居にて御夫婦らしい御生活を一度も拝見致した事のない不思議な場面でございました。其の為主婦としての先生、奥様としての半面を伺う事の出来なかった事は誠に残念に思っております。(泥谷梅)

このような疑問は生徒だけでなく、一般的に抱かれていたものと思われているのではっきりと究明しておく必要があろう。

伊吹校長は泥谷梅さんの記事に続けて、

「其当時は主人は銀行出張所に在勤中でしたことを記しておきます。」と別居の理由を説明している。また別の卒業生は、

理解の無い人々の中にはあんな男子の様な人には子女の教育は託せられぬ等、悪口を言うた者もありましたが、其れは全く先生の隠れた半面を知らない人の云う事です。御家庭の内に於て御母堂に対する御孝養や御主人に対する御奉仕の様子を伺いましては、誰か先生を婦人らしくない婦人と言うことが出来ましょう。(西村はまの)

伊吹校長は「福西先生を偲びて」の中でこのことについて詳しく述べている。

福西氏は時代が生みたる女性であります。一面よりは強き点のみ見えますが、一面には真の女性としての美点を持って居られます。厳なることは著しく厳で、人を畏服せしめたのですが、やさしき一面は迚もやさしき点を見出し得べき人でした。世人に対したる所は

男性的で、とても女子らしきものは見えなかったとも言い得べきです。

愛情を有せられた点は、生徒の方々当時よく知られた所ですが、夫君に対する道に於て如何かとの疑いは又当時の生徒に存したる所であります。けれども福西氏は夫君に対しての道を失したる人ではありません。夫君が其性情に於いては相和し難き点があったのは事実でしょう。夫君は時々私などにも志計子先生と云う語を用いられたのです。夫君の病気の時に懇切に看護されたことは知らない人が多いと思います。又先生病気の時には夫君はよく介抱せられました。けれども人の居る所にては病室に出られたことはありません。私でもそれを見たのは稀でした。これは全く夫君の情が薄かったからではなく、先生の愛が徹底していなかったからでもなく、時代の風潮が此のような風に習慣づけたと思います。然し世人はあの先生の進取的な行為をとる気性にもかかわらずその習慣をのり越えることが出来なかったのかと思うでしょう。しかしこれについては夫君の気質や性格を知るなら、それは無理な注文だと思います。私は正直に見て当時の生徒が夫婦の関係を美点として見なかったのは事実として認めます。また敢て夫君が一点のきづがないと弁護いたしません。しかし私個人として何等、福西夫妻の望ましい夫婦関係に全く疑いをさしはさむことはありません。

4　厳しさを包む大いなる生徒愛

生徒を教育するに当たって最も重要なものは人間愛である。しかし中学生の教育には愛だけで十分であるわけではない。生徒は成長途上の未完成な人間であり、これから協調性や社会性を身に付けなければならない存在である。利己的で反社会的な行為をし勝ちな人間を利他的で協調性を備えた人間に変えるためには厳しさの中での訓育が必要となる。

福西先生は規律を身に付けさせるための厳しさとそれを包む大きな愛を抱いていたし、それを日々の教育において実践した。

順正女学校が周囲の強い偏見の中で発足したにもかかわらず、次第に評価が定まって名門校とされるようになったのは「キリスト教的人間愛」を建学の理念にかかげていたからだけはない。キリスト教には理解を示さない人でも順正女学校に一目置かざるを得なくなったのは、一つは順正の「生徒の裁縫の腕」が格段に優れているという評価と、もう一つは順正の生徒は行儀作法にいたるまで「躾が厳しく行きとどいている」ということであった。この二つに加えてキリスト教の愛の精神という三拍子が揃っていたからこそ、備中の国や岡山県内だけでなく、中国、四国、九州からたくさんの生徒が順正の学風を慕って集まって来たのである。

もしこのように見なすことが出来るならば、福西先生の「厳しさを包む生徒愛」が順正の学風をつくり、定評を生み出したことを認めざるを得ない。福西先生に「厳しさ」と「愛」の二つの要素があったからこそ順正女学校は名門校となれたのである。

そして幸いなことには、福西先生を引き継いだ河合久先生も伊吹校長もこの厳しさを受け継いで実践した。これによって順正の精神は守られ継承されたのである。このことは大正10年に県立に移管されたあとも最後まで維持されたのである。

このように福西先生はキリスト教的愛だけでなく、厳しさを備えていたからこそ偉大な業績を残すことが出来たのである。

福西先生は理念を高く掲げて人を引き付け、巻き込んでその実現のために前進を続けるカリスマを備えた稀有の人物であった。

これまで述べたことを総括してみよう。伊吹先生が述べているように、福西先生の性格は多面的であった。一面とても理知的で実践的であり、なにごとも一人で実行するタイプであった。これが男より男性的だと言われることになった。また生徒にも厳格にしつけを励行したため、こわい先生というイメージが定着していたようである。これがさらに冷たく冷酷であったと言う人さえいた。先生には何とも言えない威厳があったと多くの人が述べている。この側面も事実であったに違いない。

しかし他面、福西先生には人に真似の出来ない程、深く他人をいつくしみ、あわれむ温かい心があった。生徒の指導は懇切丁寧で徹底していた。留岡幸助、山室軍平、伊吹岩五郎等若き使徒達への愛は尋常なものではなかった。福西先生はその本質において愛の人でありパッションの人であった。筆者はこの側面を掘り起こすのに努めて来たのである。

福西先生は世の人と違う信仰を持ちそれを実践し地域社会に革命をもたらしたのであるから、世人の反発を呼び、非難された。したがって福西先生に対してマイナス・イメージが構成され強調されたのはむしろ当然のことであった。

しかし先生の厳しさの底には大いなる愛があり、人々への深いいつくしみの心があったのだ。大いなる愛に支えられた厳しさであったから、多くの生徒はそれを知って先生を敬愛したし、知ることの出来なかった生徒も後々、先生が亡くなった後で先生の愛をわかって追慕しているのである。

九章　神の御心のままに ― 崇高なまでに美しい死にざま

――病・祈り・そして天国へ――

度々の試練に挑戦し続け、その都度、ピンチをチャンスに替えて勝利してきた福西女史に対して、最後の神の試練が訪れた。宿痾にとりつかれたのである。永い間の念願であった頼久寺町の校舎がようやく完成しようとする時期であった。

1　志計子の活躍

(1)　木曜日会の祈り

私立学校の創設者の最も重要な責任は、教育施設を整備していくことにある。比較的少ない学生数の学校の場合、授業料収入は教職員の人件費を賄うだけが精一杯で、校舎の建設費は寄付金に頼るほかなかった。順正女学校も創設以来十余年が経過したが、キリスト教主義の名門校として、堅実に発展し、学生数も着実に増加していた。

校舎についてみると、明治14年12月に黒野氏宅を賃借して仮校舎としたが、明治15年7月になると黒野氏宅を買い取るとともに一家を建設してこれを校舎とした。そのためには高梁基督教会員の援助が大きな支えとなったが、ことに柴原宗助、藤沢氏の貢献は特記すべきものであった。しかし年を追って生徒の数が増加したため、さらに大規模な増築に迫られた。

そのため明治23年下半期ごろから「木曜日会」なるものが組織された。この会は福西女史をはじめ教師で信徒でもある人たちが校舎の新築の実現を願ってなされる静かな「祈祷会」のことであった。この静かな深い祈りの成果は、3年後の26年10月26日に相談会となって現実化した。その後、何度か会議を重ねた上で、新築委員によって「新築趣意書」を発表した。

(2)　新築趣意書

女子教育が必要なことは当然であるが、この7、8年の日本の女子教育の実態を見ると問題が多かった。東洋と西洋の社会の違いを無視し、いたずらに欧米人の方式を模倣したため、女子教育は弊害が現れている。それは社会のように適せず、家庭の役に立たないものとなっている。学問は高遠を説くだけで現実から離れ、芸術は実際の役に立っていない。ことに徳育では日本の婦人が、古来の優美で貞淑が失われようとしているから、これでは社会の役に立たないだけでなく害をもたらすおそれがある。このような状況であったからこの2、3年、女子教育は大いに衰微している。

然しながら女子教育は決しておろそかにしてはならないものである。学問によって知識を磨き、徳を修め、技術は身を立て家族を養うためのものであり、妻は良妻たるべく、母となっては賢母でなければならない。このような教育であれば国家にとっても欠くことのできない急務のはずである。

我順正女学校ではつとにこれを実現している。確かにこの主義にのっとって迷わず、浮華に流れることを慎み、現実離れを戒め、10年1日の如くこれを実践してきた。顧りみれば明治14年から27年まで13年が経過した。その間に全国に女学校が建設されては消えているが、順正女学校は益々隆盛に向かっているのは、社会の要請に応えて家庭の役に立つからである。本校の卒業生は教師になる者もあり、結婚してはよき妻となっている。今や本校には百数十人の生徒を擁し教場は手狭となり、生徒1人も加える余地がなくなっている。これが今回校舎を新築せんとする理由である。願わくば皆様が本校の建学の精神と実績を理解していただき、此の計画に賛助して下さることを懇請いたします。

この趣意書には、日本において女子教育を推進することの困難な状況のなかで、順正女学校は創設以来13年順調に発展している事情が確信をもって述べられている。入学希望の生徒は増加の一途をたどっているにもかかわらず、教室が狭すぎ、教育活動に支障を来している実状を述べ、増築の必要性を説いている。

2　病魔との戦い

(1)　過労からの発病

明治27年「新築趣意書」を作り校舎建設資金の寄付金の募集活動にとりかかった。校舎建設実行委員会をつくり活発な募金運動を推進したが、勿論、福西女史自身の活動はすさまじいものであった。担当の授業や学内の集会などの務めはきちんとこなしながら、身を粉にして八方飛び回って募金に努めた。新築資金は３０００円にのぼったという。

夜を日に継いでの志計子の鬼人をも泣かしめるほどの奮闘は周囲の人達を驚かせ、やがて称讃と尊敬の念を一身に集めるようになり、遂には過労を心配するようになった。ところが人々の心配は不幸にして現実となり、増築工事が完了しない頃から福西女史は身体の不調を訴えるようになった。ただ最初はそれほど深刻なものとは思わず、その後も我を忘れて東奔西走して寄付金の調達に尽力した。文字通りの粉骨砕身の活躍であった。

病は糖尿病であった。資金の目途がつき、新校舎が頼久寺町に形を現す頃には病勢が進み、余病として肺患を併発した。明治29年の夏になると周囲の人達も憂慮し、医師の指示によって転地療養に努めた結果、いくらか好転したかに思えた。明治30年1月から岡山に転居して3カ月ほど住み、5月から児島郡田ノ口に転住して3カ月余り居たが、この頃になると衰弱がすすみ、医師ももはや余命は長くないと診断するに至った。

(2) 志計子は病をどう受け止めたのか

キリスト者としての志計子は病をどのように受け止めていたのであろうか。「西村はまの」さんは、

先生は母校の拡張工事が出来る少し前から病床の人となられたので、私共は御案じ申し上げて度々御見舞に参りますと、「神様は今まで自由に働くことの出来る健康を私にお与え下さったので、不充分ながら活動して曲りなりにも学校の順がつきましたから、今からは祈る様にとこの病気をお与え下さったのだと思います。それ故感謝しております」と仰せられ、私共は大変に励まされて帰るのが常でありました。

と書いている。

これによると志計子は病も神が与えてくれた恵みで、これによって祈りが思いのままに出来るようになったと感謝しているのである。ここに女史の信仰の真髄がみられる。

(3) 帰省し学校の病室で療養

傷心の福西先生は高梁に帰った。初めは学校の病室に居て一部学務を見たり、病床にふしたりしていた。福西先生の学校への深い思いが知られる。当時の思い出が「歿後三十年に当り　福西先生を偲びて」の中に順正女学校を卒業し、福西先生の終焉をみとったあと「東京家庭学校」に就職し、留岡幸助の後妻となった「留岡きく」さんの寄稿文がある。

（前略）回顧致しますれば今より35、36年前で御座いましょうか明治27年頃、私はその頃順正女学校の英語の教師をして居られた青野末子先生の御紹介で始めて福西先生にお目に懸かり、先生のお力によりまして同校の苦学生となることが出来たので御座居ます。田舎者の私が何うして能く先生の期待に副うことが出来るかどうかということに就いて非常に心配致しましたが、福西先生には私を子供の様に愛して下さいまして、いつも先生の御苦心談をお聴かせ下さいました。其の頃、学校は創業当時で校舎は増築され、寄宿の生徒も増加致しますので、これまで無かった生徒の病室まで出来ましたので御座います。それで私〔きくさんは大阪の看護学校の卒業生であった〕は、其の病室の一室で病人の看護を致すことになりました。然るにその時分から先生は兎角健康がすぐれませんので時にその病室におやすみになるようたことになり、自然私は先生のお側に侍ることが以前より多くなったのでございます。しかし先生は何もわかりませぬ私を何くれとなく御導き下さいまして、其のおかげで洗礼も受けることも出来たのでございます。勿論苦学生の私でありますから臨時の仕事がございますので人様のように勉強の時間も守られませず、金銭上にも困ったことは屡々《しばしば》でありましたが、先生はそれをお察し下されたのでございましょう。いつも必要な品は、いろいろ口実を以て必ず先生のお手から頂いたのでございます。一ケ月僅か5銭の教会費すら、其の支出に困った私を助けるために、態々先生のお髪を掃除させそれで以て教会費を先生から出して頂きましたようなこともございました。これはほんの一例にすぎませんが、かように致しまして何所までもよく気がおつきになり人を、あわれむ心の強いお方でございましたので、私がどれ程先生に助けられ教えられましたかは、測り知れないのであります。私は之を思い出しますと今更の様に熱い涙がこぼれるので御座います。斯くて5、6年を経過致します内、私は先生の御存命中に幸いにも学校を卒業する事が出来たのでありますが、悲しい事には先生の御病気は次第に重くなりまして最早御自分で立てぬとお覚悟になったものと見え、神戸女学校に永く御奉職になって居りました河合先生をお呼び返しになったのであります（後略）。

ここには27年頃から福西女史の身辺にいて先生をお世話し、看病した苦学生が、女史の細かな心づかいに対する感謝の気持ちが切々と述べられている。

この間にあって福西女史が最も心をいためたことは、順正女学校の前途のことであった。あれもしたい、これも備えたいと日夜心身を磨り減らした。

⑷　校務責任者としての河合久先生

その中でも重要なことは、校務と舎監を委せることの出来る教師を得ることであった。福西女史が心に決めていたのは「私立裁縫所」を17年に巣立った第1回卒業生である河合久であった。当時河合先生は神戸英和学校（後の神戸女学院）の教員となっていた。福西女史は明治29年夏、まず手紙で河合先生を説得したあと、伊吹岩五郎を使者に立てて学校当局と接触させて割愛を承諾させた。河合先生が高梁に帰って順正女学校の教壇に立ったのは明治30年7月のことであった。こうして福西先生にとって大きな懸案が解決した。

河合久先生が就任するのを待ち兼ねていたように、福西女史の病勢はいよいよ進み、再起の不可能を悟った女史は明治31年3月下旬には先に教職に迎えた河合久先生に校事を委託した。福西女史は手塩にかけた子飼いの弟子に自らの天職（コーリング）を引き渡したのである。こうして福西精神はまず河合久先生によって継承されたことは大いなる幸いであった。

3 信仰美談

(1) 聖書・讃美歌と祈りの日々

留岡幸助は福西志計子の死を悼んでキリスト教新聞に「追悼文」を書いたが、それでも満足出来なかったのか、キリスト教新聞に公募して、さらに『信仰美談』を出版した。その中に収められた人三編は「細川ガラシヤ」、「丹波ノブ」と「福西志計子」であった。

福西志計子の堅い信仰は確かに美談とされるに相応しいものであった。

伊吹岩五郎は31年に入るとほとんど毎日のように福西女史の病床を訪れるようになり、女史もそれを心待ちするようになったという。6月頃からは毎日女史の枕辺を訪れ、そこで聖書を読み共に祈った。そこで愛読したのは新約の「マタイ伝」と「ヨハネ伝」であった。また旧約の詩編23編をくり返し愛誦した。

詩編23編

主《しゅ》はわたしを青草《あおくさ》の原《はら》に休《やす》ませ
憩《いこ》いの水《みず》のほとりに伴《ともな》い
魂《たましい》を生《い》き返《かえ》らせてくださる。

主《しゅ》は御名《みな》にふさわしく
　わたしを正《た》しい道《みち》に導《みちび》かれる。
死《し》の陰《かげ》の谷《たに》を行《ゆ》くときも
　わたしは災《わざわ》いを恐《おそ》れない。
あなたがわたしと共《とも》にいてくださる。
あなたの鞭《むち》、あなたの杖《つえ》
それがわたしを力《ちから》づける。

わたしを苦《くる》しめる者《もの》を前《まえ》にしても
あなたはわたしに食卓《しょくたく》を整《ととの》えてくださる。

わたしの頭《あたま》に香油《こうゆ》を注《そそ》ぎ
わたしの杯《さかずき》を溢《あふ》れさせてくださる。
命《いのち》のある限《かぎ》り
恵《めぐ》みと慈《いつく》しみはいつもわたしを追《お》う。
主《しゅ》の家《いえ》にわたしは帰《かえ》り
生涯《しょうがい》、そこにとどまるであろう。

彼女は苦痛に耐えながらこの23編をくり返し愛誦し、また苦痛に耐えるために愛誦した。彼女にとって詩編は痛みを癒やしてくれる宝の薬であった。
ある日伊吹が詩編84編を朗読したところ、これを書いて病室の壁に貼ることを女史に頼まれた。伊吹がその通り大書して壁に貼るといたく喜んで女史はどんなに熱が高い時でも、これを読めば限りない悦びを感じると言って感謝した。その中でも特に10節は女史が心から讃美するものであった。

詩編84編　10節

神よ　わたしたちが盾とする人を御覧になり　あなたが油注がれた人を顧みてください。

(2)　神の御心のままに

このように聖書を読み祈っていても、福西女史の焦燥はつのっていった。順正女学校の行く末を考え、命あるうちにあれもしておきたい、これも備えておかねばとせっぱつまった焦燥感にかられていた。冷静で理知的であると同時に強烈なパッションを秘めていたから、その苦悩は深かった。その彼女を救ったのは聖句と祈りであった。ある日伊吹はコリント人への第２の手紙を読んだ。

コリント人への第2の手紙

私はそれについて、「これを遠ざけてください」と三度主に祈った。しかし主は「あなたには私の恩寵で足りる、〔恩寵の〕力は弱さのうちに完成されるからである」と答えになった。だから、私は、とくに喜んで自分の弱さを誇りにしよう。そうすれば、キリストの力は私に住まれるであろう。だから私は、キリストのために、弱さ、侮辱、窮乏、しいたげ、苦しみにあうことを喜びとしている。なぜなら、私は弱いときに強いからである。（コリント人への第2の手紙第12章9節〜11節）

これを読むと女史は割然と悟り、「ああ心配は無用、我恵み汝に足れり、もう何も気にかかるものなし、私の為す丈のことは為した。後は又適当に神の働きがあります。何も憂うことはない」とその後はまったく別人のようであったという。

伊吹岩五郎はこの一句は、女史が己の生涯を終わることを悟り、神が今日まで使女《つかいめ》として働かしめてくれたことに、感謝された唯一の聖語といえると述べている。

周囲の人々から「力の権化」のように思われ、人を畏服させていた筈の女史が、内面では自ら弱さを自覚し、むしろそれを誇り、キリストの力を希求していたとは、その意外さに驚かされるが、これがむしろ福西女史の真の姿であったのではなかろうか。

また先に掲げた留岡きくは同文のなかで、

其の頃、只今の校長伊吹先生は、毎日先生の御病床にお詰めになり、先生のご愛誦の聖句詩編23編を、枕辺に筆太く貼りつけになりましたが、先生は之を見て、非常にお喜びになりました。詩編の23編こそは、先生の御一生を現された言葉であると存じます。だんだ病勢が募りまして、命旦夕に迫ると思われました時でさえ、先生はお見舞の人々と共に、お好きな讃美歌を御自分でも拍子を執ってお歌いになりました。それ程堅い信仰をおもちになって居られましたけれども、天命はもとより致し方が御座いません。私は先生の御相続者である〔福西〕栄子先生並に赤崎寿子夫人と共に、先生の沈着にして崇高なる御最後をお守り申したのでございます。当時の記憶は尚鮮かに私の胸に刻みつけられて居りますが、数えてみますと早30年昔を偲び、今を偲びうたた感慨に堪えないのでございます。

ここには福西女史が病魔と戦いながら、讃美歌を歌い、聖書を読み祈りの中で神の意志を悟って従容自若として逝った姿があます所なく述べられている。

福西女史はあつい信仰の故に神にすべてを委ねることによって死を受容し、従容自若、満面に笑みをたたえて昇天することが出来たのである。

7月25日には朝から病状がすすみ医師も命は旦夕に迫ったと告げた。これを知らされると自ら決意して翌26日には卒業生と生徒を病室に招き入れ、告別の言葉を次のように述べている。

「順正女学校成立の歴史を忘れてはなりません。身を過って順正女学校の名を辱めることがないように」

その後、病気はまた少し落ち着きをみせたが8月21日、この日は安息日であったが、死が迫った午後5時すぎ病室にて祈祷会が開かれ讃美歌197番を歌い、伊吹牧師は詩編23編と黙示録21章1〜8節を読み祈った。

黙示録

新《あたら》しい天《てん》と新《あたら》しい地《ち》

わたしはまた、新《あたら》しい天《てん》と新《あたら》しい地《ち》を見た。最初《さいしょ》の天《てん》と最初《さいしょ》の地《ち》は去《さ》って行《い》き、もはや海《うみ》もなくなった。更《さら》にわたしは、聖《せい》なる都《みやこ》、新《あたら》しいエルサレムが、夫《おっと》のために着飾《きかざ》った花《はな》嫁《よめ》のように用意《ようい》を整《ととの》えて、神《かみ》のもとを離《はな》れ、天《てん》から下《くだ》って来《く》るのを見《み》た。そのとき、わたしは玉座《ぎょくざ》から語《かた》りかける大《おお》きな声《こえ》を聞《き》いた。「見《み》よ、神《かみ》の幕屋《まくや》が人《ひと》の間《あいだ》にあって、神《かみ》が人《ひと》と共《とも》に住《す》み、人《ひと》は神《かみ》の民《たみ》となる。神《かみ》は自《みずか》ら人《ひと》と共《とも》にいて、その神《かみ》となり、彼《かれ》らの目《め》の涙《なみだ》をことごとくぬぐい取《と》ってくださる。もはや死《し》はなく、もはや悲《かな》しみも嘆《なげ》きも労苦《ろうく》もない。最初《さいしょ》のものは過《す》ぎ去《さ》ったからである。」

すると玉座《ぎょくざ》に座《すわ》っておられる方《かた》が、「見《み》よ、わたしは万物《ばんぶつ》を新《あたら》しくする」と言《い》い、また、「書《か》き記《しる》せ。これらの言葉《ことば》は信頼《しんらい》でき、また真実《しんじつ》である」と言《い》われた。また、わたしに言《い》われた。「事《こと》は成就《じょうじゅ》した。わたしはアルファであり、オメガである。初《はじ》めであり、終《お》わりである。渇《かわ》いている者《もの》には、命《いのち》の水《みず》の泉《いずみ》から価《あたい》なしに飲《の》ませるよう。勝利《しょうり》を得《え》る者《もの》は、これらのものを受《う》け継《つ》ぐ。わたしはその者《もの》の神《かみ》になり、その者《もの》はわたしの子《こ》となる。しかし、おくびょう者《もの》、不信仰《ふしんこう》な者《もの》、忌《い》まわしい者《もの》、人《ひと》を殺《ころ》す者《もの》、みだらな行《おこな》いをする者《もの》、魔術《まじゅつ》を使《つか》う者《もの》、偶像《ぐうぞう》を拝《おが》む者《もの》、すべてうそを言《い》う者《もの》、このような者《もの》たちに対《たい》する報《むく》いは、火《ひ》と硫黄《いおう》の燃《も》える池《いけ》である。それが、第《だい》二の死《し》である」

福西女史は最後に次のように祈った。
「天の父よ我女学校と我家族とを助け導き給え　父よ私をして速に新しい天と新しい地を見せて下さい。私を緑の野に臥させ憩いの水辺に伴って下さい」

主治医であった山田忠治は「先生の此従容自若の態度と、笑を湛えた温顔とは実に先生が宗教的体験によって築き上げた人格の光であると景仰に湛えざる次第です」と述べている。

また同窓生の武本かね子は先生の終焉を、「其際先生は満面に笑みをたたえ、なに地上ではもう逢えなくても、天国で逢う時を待ちますよの御言葉は私にいつも希望を支えています」と述べている。

信頼し切った伊吹牧師や生徒達と讃美歌を歌い、夫に手をとられながら何の思い残すこともなく安らかに笑みをたたえながら神のみ心のままに昇天した福西女史はキリスト信徒らしい幸福な人生であったと言うべきであろう。

福西先生語録

〔他山の石として、愛をもって励め〕

(1)順正女学校は創立間もなく已に競争者として和正女学校の出現を見、学生の之れに走る者もあったり致しましたが、先生は此れ等に対するに「**常に基督教的情愛の精神を以てし、他山の石として自己を磨くに良き試練だ**」と教え給うた事共尊くも思い出されるので御座います。（高田賎子）

〔私にも学校は創れる〕

(2)メアリ・ライオンの伝記を読んだ福西先生は「**あの人（ライオン）も女性でありながら大学を創設したのだから、私にもそれが出来ない筈はありません**」とその日から日夜文科を併置して正規の女学校を設立する方法の研究に没頭した。

〔あなたに学校はまかせます〕

(3)1日福西氏は当時の宿舎の一室にて、(伊吹先生に)こう申されました。「あなたは伝道がいやになったら学校をやって下さい。此事なら何も遠慮はいらない」との事でした。

〔老人への孝養を〕

(4)私(伊吹先生)は福西先生が「老人を大事にせよ」と訓誡せらる時、常に涙の眼にあったのを知っています。

〔暗きを照せ〕

(5)又先生はよく「皆さん顔を洗はないでもいいから足を洗って来て下さい」とおっしゃいました。先生のお心は人に目立つ事でなく何事でもきたないものを綺麗にせよとの事だったのでしょう。恩師福西先生の「人の見えない所に働く者となれ」との御精神を幾分なりと行いたいと努力しつつ働いて居ります。(中村さの)

〈これは神の助けと人様の情〉

(6)明治28年の或日、先生が現在の創建碑のある前、あのかきの辺に立って校舎をながめ、言われたことがあります。**「どうしてこんな建物が出来たのでしょう。全く神の御助けと人様の情です」**其時の先生を忘れることは出来ません。我なく個なく全く感謝の念あるのみでした。人間美しき極みは何でしょうか。神の愛を信実に体得し人の情を本当に味うたる時でありますことを、私（伊吹先生）は誠実に知り得るのであります。

〈病気は「祈れ」と神がくれた休息〉

(7)病床の人となられたので、私共は御案じ上げて度々御見舞に参りますと**「神様は今まで自由に働くことの出来る健康を私にお与え下さったので、不充分ながら活動して曲りなりにも学校の順がつきましたから、今からは祈る様にとこの病気をお与え下さったのだと思います。それ故感謝して居ります」**と仰せられ、私共は大変に励まされて帰るのが常でした。（西村はまの）

〔私にとって学校は命〕

(8)先生が健康を害し岡山病院に診察を受けられた際、私丁度同病院に通っていました。或友人が「先生暫く学校の事を忘れて御養生遊ばして下さい」と申した時、先生は非常に不快な御様子で「私に学校の事を忘れよとは餘りに私を知って呉れない貴女方を悲しく思う」と申された事を私は忘れも致しません。（武本かね子）

〔行って天職に励みなさい。あなたの為に祈ります〕

(9)…すると先生はいつものように厳然たる態度で「早く松山に行き、西村さんの仕事をお助けなさい。私の看病をする者は澤山居ります。安心してお行きなさい。お別れに唯一言御餞別を上げます。」「神様の与え給う仕事は自分を忘れ祈りと断食とを以て之を務めねばなりません。私も御身の為永久に祈りますよ」と言いすてて直に病室を出て行かれました。（西村はまの）

〔神の御心です。何も憂うることはありません〕

(10)病気次第に重り行く時、焦噪は段々烈しくなりました。理知の明るい人でしたから慰るには一倍苦しみました。何とかして平安なる気分を保たしめんと、私（伊吹）は心を配りました。一日私は（聖書の）コリント書にある「我恵み汝に足れり」との句を引きました。先生は割然として安んじた様です。**「アヽ心配は無用　我（神）恵汝（福西）に足れり、もう何も気にかかるものなし、我（福西）の為す丈けは為した。後は又適当に神の働きがあります。何も憂うることありません」**と、此以後の先生は精神的に別人でした。

〔また天国で逢いましょう〕

⑾先生が御重態の節私は御別れするの止むなきに至り、惜しき別れに涙にて御挨拶さえ出来ず、其際先生は満面に笑をたたえ**「なに地上ではもう逢えなくとも天国にて逢う時を待ちますよ」**との御言葉は私にいつも希望を支えています。再会を信ずる私共は美しい多くの御報告を以て逝き度思うのでございます。（武本かね子）

〔我校の歴史を忘れず、身を清く〕

⑿明治31年7月26日、先生は自から決意して卒業生と生徒を病室に招き入れ、告別の言葉を述べた。**「順正女学校成立の歴史を忘れてはなりません。身を過って順正女学校の名**

を辱めることがないように」

〔我校に恵みあれ〕

⒀福西先生は最後に次のように祈った。「天の父よ我女学校と我家族とを助け導き給え、父よ私をして速に新しい天と新しい地を見せて下さい。私を緑の野に臥させ憩いの水辺に伴って下さい」

こうして先生は天国へ旅立たれた。

十章　順正女学校の発展と伊吹岩五郎校長の献身

1　創立者の死去と後継者問題

(1)　校務の後継者河合久先生

学校の経営に加えて校舎の増築の資金調達のため心身をすり減らして来た福西女史は校舎がようやく完成しようとする頃、明治29年夏、かねて糖尿病をかかえていたところへ肺結核を併発し、医師の指示にしたがって療養を始めた。将来を案じた福西女史は学生に深く接し、また学校運営についても後事を託することの出来る教員を欲しいと考えるようになった。そこで白羽の矢を立てたのが「私立裁縫所」の第1回卒業生で神戸女学院に進み、女学院の教師となっていた「河合久」であった。

福西女史はまず手紙で河合先生に意中を伝えたあと伊吹岩五郎を神戸女学院に派遣して当局と交渉して割愛に成功し、河合先生は30年7月に順正女学校に着任した。後継者と目された河合先生は31年3月には校務を福西先生から引き継ぎ、その後は学内の要職につき、寮の舎監も兼ね、福西先生亡き後も教職員の中核になって活躍したが、大正10年には県立移管となった。河合先生は県立となった後も6年間勤めて昭和2年3月31日に退職した。母校順正女学校に30年間勤めその生涯を捧げたのである。

(2) 学校管理の責任者となる校長の選定

創立者が死去した私立学校には深刻な課題が残された。それは後継者の問題である。理事会が開かれ、校長に当たるべき人を決めるため2、3人の候補者をとりあげて交渉したがまとまらず、いたずらに日時を経過した。そのうち新学期が迫り生徒にも心理的不安がひろがり、順正女学校は廃校にすべきだとの意見さえ出たため伊吹先生は福西先生の意志を思い悲痛な感情にさいなまれた。吹屋の長尾佐助氏が新しく理事となったのは廃校論を抑えるための処置であった。

このような危機的雰囲気に直面して伊吹先生は遂に「若し適当な後継者がいないのであれば自分がこれを引受けてもよい」と理事会に申出た。これは相当に無謀な企てに違いなかったが、伊吹先生は学校の前途のことを考えると座して黙することが出来なかったのである。いろいろな試みがなされたが、いずれもうまく行かず理事会は遂に伊吹先生を後継者に推すことを決定した。さらに31年11月には専門的経験のある校長が必要ということで、蓑内鉱一郎に代わって伊吹岩五郎が校長に就任した。

2 財団法人化

創立者の死去は後継者の決定と財政的基盤の確立を迫った。後継者は校長伊吹先生、校務河合先生の両先生に決まったが財政改革の問題は維持会と理事会の責任である。そこで新蓑内鉱一郎維持会長のもとで維持会が開かれて審議された。まず事態の変化に対応して新たに長尾佐助、山田忠治、河合久、伊吹岩五郎を維持員に加えて審議に入った。慎重に審議した結果、学校を財団法人にすることを決め、明治31年10月、文部省に申請し、11月には財団の許可がおり、順正女学校の財団法人化が実現した。(その後、明治32年8月、文部省から認可取り消しの通知を受けたが、交渉の結果、同年11月に再認可がおり決着した)ここで「私立高梁順正女学校」と改称された。この時点で順正女学校は高梁町と強く関係づけられたのである。

この財団法人化によって順正女学校の公共性が社会的に認知され、結果として県および郡からの補助金が得易くなった。32年に県費500円を受け、さらに34年から上房郡費、35年には重ねて県費補助を受けることとなり、財政的には明るい展望が開けるようになった。

「私立順正黌財団寄付行為書」の規則は20条からなり、目的、名称、事務所、資産、理事会、校長、会計年度、付則について定めている。目的の第1条には「本財団ハ普通ノ教育を施シ淑徳有用ノ女子ヲ養成スル教育機関ヲ設立シ之レヲ永遠ニ維持スルヲ目的トス」と規定されている。

なお、この時の理事は、蓑内鉱一郎、山田忠治、小林尚一郎、家本平左ェ門、横尾幸完、須藤英江、河合久、福西庸徳、伊吹岩五郎、柳井重宣、長尾佐助、東三省、佐藤晋一、森下亀太郎、中島直二郎、川合良男、池上長右ェ門、小倉基、井上公二、長尾豊吉の20名であった。

3　伊吹岩五郎校長の専任化

創立者死去に伴い後継者となった伊吹先生は10月末に財団法人の申請を行い、11月には校長に推され教会の牧師と校長という二つの重職を担うことになったが、伊吹の心は一筋に決定していたわけではなく、苦悩は深く、33年12月まで気持ちは千々に乱れていた。

実は神戸の日本共勵会から幹事として招聘を受けており、心もかなり動いていたからである。伊吹は後に次のように告白している。

私は爰に一事を語りたいのです。それは別事でなく、実は私の一身上の事柄ですが恥かしくも私の考えも全く学校経営に全力を盡すことには達しませずして、33年の末に日本共勵会幹事として招聘せられようとしたのです。其事務所は神戸に在って当時幹事推薦委員は原田助、三宅荒毅、ペテーの三氏でありました。原田氏より内相談に三氏一致して意あれば君を推薦したいとの事です。私は色々考えた末に明治33年12月26日の夜に臨時理事会を開いて頂きました。私が辞任の事を決してもらいたいからでした。所が事は意外に出て理事会は一致再任を勧告せられましたのです。私はどうしても神戸に出たいと思ったのですが、折角理事会よりの勧告なれば留任することに決しました。

こうしてまことにきわどいところで伊吹校長はふみとどまったのであった。まさに運命であったといえよう。

そして伊吹校長は再任のために条件を出した。それは牧師と校長の兼任を解いてもらうことであった。すなわち「私は一つの条件を提出しました。現在の如く学校と教会とを一つにして働くことは迚も身体が許しません。夫れ故来年早々寄宿舎を新築し終わらば一年間自由行動を許されたい。之れは少しく休養すべき必要を感じたからですが、此事は受入れられました。私は34年5月初めに出発して京都に参りました。其留守中は難波勝治、川島梅吉君に託したのです。翌年3月帰任しまして4月よりは全く学校専任となったのです」。

伊吹の高梁教会の牧師の辞任について『高梁教会120年史』は次のように記録している。

12月24日、学校当事者たる維持会と教会役員と双方円満合議によって伊吹校長の牧師辞任、学校長専任のことが承認された。しかし退任後といえども教会の講壇補充、その他教会員としての責任は充分に考慮することが約された。

このような経過を経て、伊吹校長が学校長に専念したのは明治35年4月からであった。一意専心順正女学校の為に尽くすことを決心し、生涯を女子教育に献げることを誓ったのはこの時期であった。

4　伊吹校長の教育方針

福西女史が亡くなった年の翌年明治32年、文部省は国家主義的傾向を強め「公認の学校に於いて宗教上の儀式・教育を行うことを禁止」し、私立学校施行規則を制定した。このように教育と宗教の分離が明確にされていく状況のなかで宗教を建学の理念とする私立学校は困難な状況に立たされることになった。

そこで伊吹校長は従来の建学の精神にかえて教育方針として次の三つをあげた。①母性尊重主義、②実行実働主義、③操守貞正主義である。これは宗教と教育の分離という国家的状況に適応するために若干の装飾を加えたものであろう。すなわち「キリスト教的人道主義」の代わりに「母性尊重主義」を当て、「実行実働主義」は「実際的家政主義」に対応するものであり、「操守貞正主義」は「東洋的婦道主義」に対応している。したがってキリスト教的人道主義を母性尊重主義に置き換えただけで本質的には変化していない。

実際、順正女学校は生徒の教育からキリスト教を除くことはなかった。「落葉」には次のように書かれている。

順正はキリスト教精神で朝10時頃と夜8時頃、毎週教会へ行き、聖書・讃美歌と牧師の説教を聴いておりました。当時の牧師は溝口先生、通学中から奥さんとも懇意で、聖書の小冊子などいただき、とても可愛がってもらい、常に伝道してくだされ、その間2、3人洗礼を受けられた人達もあり、洗礼式を拝見しました。

5　順正女学校の教育目標

伊吹は「過去の面影」（明治41年11月）の中で「我校の教育」について述べている。これについては五章で簡単に述べたが、ここで詳論しておこう。

その中で伊吹は今日我校は外形においてはすでに成人の域に達しているから言うべきことはないが、内容においてはなお論ずべきことが多いとし、念頭にあることを五つあげている。

(1)　我校の教育の第1の目的は人を作ることにある。

今日の女子教育は良妻賢母というのが一般的な目標とされているが、本校はまず人を作ることを目的としていると強調している。その理由としては、女性は結婚後の良妻賢母の期間が長いが、結婚前の女性（処女）の期間の生き方は極めて重要なものであるから、女性の生涯を通じての人間性の育成が重要だとしているのである。処女として清く、淑女として潔くあらば女性の誉れ之に過ぎるものはないという。独身を理想とするわけではないが、やむを得ざる場合には独身生活をも辞さない心掛けを持って生活すべきである。したがって女子教育の根本は人を作ることにあるとしている。

このような見解は今日においてはむしろ当然のことであるが、当時としては珍しく女性の自立性を尊重した見識であったと思われる。

(2) 眼の人たると共に手の人たらんことを要す。

女子は目で見たことをすぐ口にして人を評する傾向があるという。そこで眼の人たることが多く、手の人となることは難しい。そこで眼の人になると同時に手の人即ち実行者になるように説いている。勿論、このことは女性だけでなく男性にも妥当することである。したがって男子教育の際にもこれを主張することは当然であるが、ここでは当面女子教育に限っている。

ここでこの点を強調するのは教育ある女子が人を駆使することに努め、自ら働くことを潔しとしない傾向があるから、それを正したいと考えているからである。

(3) 教育は平凡な事業である。

事業が神聖ということになると教育だけがそうではなく、あらゆる事業がそうである。教育だけを特別視するべきではないからである。また教育活動は今日は非常で明日は平安だと区別されるものではなく、常に同一なる熱心と確信をもって為すべき事業である。教育は生きた心霊に影響を与えるものであるから浮々した気持ちで教場にあってはならない。昨日も今日も変わりのない心構えが教育者には必要である。ここで平凡と言っても決して教育を軽んじるものではない。

(4)　家庭・社会・国家を尊重する。

これまでの(1)、(2)、(3)をあげたのは、家庭・社会・国家を尊重する為である。家庭の経営をわずらわしいと考え、社会の困難を恐れ、国家に奉仕する至情もない薄志弱行の徒をなくし、人間としての至高の観念を養い、実行の美しさを教え、天職として選んだ事業に人が喜んで従事する心情を会得させ、旺盛な精神力を涵養することが出来れば、家庭の改善と社会の進歩と国家の隆盛を望むようになるであろう。このような意味で、歴史的と言っているのである。

さらに我校は関係ある人々に向かって涙を要求している。故創立者が倒れたのは涙尽き、汗尽き、血尽き命絶えたのである。我等は貧と戦い、汗を流し、血を注ぐに至った。我校が世に存生せる限りは汗、涙、血を要求するのである。世人が衣の色を見ないで我校の教育主義を洞察するならば、我校の前途を詛う人はいないであろう。私は本校の前途を疑いなく、善意を尽くし、同僚と共に女子教育の為に寄与せんと欲している。

このように伊吹校長は高い理念を求め、悪戦苦闘した学校の歴史に強い誇りを持ち、前途に確信を持っている。これこそ順正女学校の原点であった。

6　県立移管の問題

(1)　創立者死後の展開

「過去の面影」の中で伊吹先生は「創立者死後の我校」の中でその後のプロセスについて述べている。

まず第1は維持会に山田忠治、長尾佐助、河合久、伊吹岩五郎の4名を加えた。

第2は強化した維持会によって財団法人の申請をした。31年11月であった。

第3に明治32年、県費500円の補助を受けた。

第4に34年から上房郡より補助金を受ける。

第5に35年に県費の補助を受ける。

第6に35年初めから寄宿舎を建設。

第7に36年事務室と茶室、物置を建築。

第8に40年7月敷地の登記。

第9に39年7月県知事より県立移管の問題が提起され、対応したが、その後知事交替のため立ち消えとなった。

第10に40年6月、臨時県補助金4500円を受ける。

第11に8月より2棟の教場と付属建物の建築に着工。

第12に県特別補助金1500円を受け教場の一棟と講堂一棟を落成した。


これによると福西志計子先生が亡くなった後、後継者を伊吹先生に決定し、財団法人の認可を受けたことにより、県の補助金や郡の補助金を受けられるようになり、財政的・経営的基盤が確立して、校舎の整備がすすみ女学校にふさわしい設備が整備されたことがわかる。福西先生が骨身を削って集めた寄付金に相当するものが公費の補助金として受け取ることが出来るようになったわけである。福西先生の時代とは全く局面が変わり、財政的基盤が確立したといえよう。

(2) 県営移管の問題

伊吹は財団法人化したあと、度々、県の補助金を受けるようになったため、県の学務当局者と知り合いとなっていった。また私立の女学校といっても多くの公的助成金を受けるようになったため、公的性格が強くなったものと思われる。少なくとも外部の人からはそのように見られるようになったものと推定される。

そのようなところから中等教育機関の公営化をすすめていた県当局者は明治39年夏、当時の岡山県知事桧垣直右は順正女学校を県営としたいと申し入れて来た。そこで順正女学校の維持会は慎重に審議し、この提案に応ずることを知事に回答したが、交渉途中で知事が交替したためこの計画は中止となった。

ところが大正9年8月、突然、県学務課長と県視学が伊吹校長を訪ね、県営化の計画を申し入れた。伊吹校長は15年振りに県営化の問題に再び直面することになったわけである。そこで大正9年9月11日、財団は県営移管に応ずべきかについて協議した。その結果、出席者全員が県営化に賛成したため、9月27日、次の条件を付して知事に回答した。

① 校名は順正の二字を存置したい。

② 校友会員の待遇を将来の校友と同じとする。

③　創建碑は永く校内に存置する。
④　現存の職員は差し支えない限り留任させる。
⑤　校舎敷地、校舎等全部県に提供する。
⑥　（省略）

大正9年12月9日岡山県議会は順正高等女学校を県営とする案を可決した。

こうして県営移管の問題は順調に運び、順正高等女学校は大正10年3月27日の卒業式に、同年12月に予定されていた創立40周年の祝賀会も繰り上げ、併せて盛大に挙行された。この祝賀会には高梁出身で東京巣鴨の「家庭学校長」の留岡幸助、熊本バンド出身で組合教会の著名な牧師海老名彈正の両名を招聘して盛大に祝福された。創立者がキリスト教の人道主義を建学の理念とした私立女学校の終焉に相応しい、40周年の創立記念日の祝賀会であった。

(3)　私立順正女学校への惜別の辞

このようにして私立順正女学校との別れの日が来た。伊吹校長は次のような声涙倶に下る告別の辞を述べた。

私は今あなた（私立順正女学校）に別れを告げようとしています。私立学校の経営者としての私はあなたと遂に別れようとしています。新しい関係として私は再び相まみえることとなりましょう。過去40年の主義主張は棄て去られたのではなく、之を長く育成していくことが今後の責任であります。世人は過去40年間のあなたを偉大なものと見るべきか、今後の年月において偉大なあなたを見ることが出来るかは、私は断定するのは早計であると思います。世人が教育に目を醒ますことが少ない今日、極端な批評を受けたとしても決して恐るる処はありません。

世の人はまたあなたがいたため、高梁に県立高等女学校が設立されることが出来ないで幾年が過ぎたものかと言う。ああこれほど論理を無視した言があろうか、――（中略）――私は世人が頗る常識はずれの非難をあなたに向けているのに憤慨しています。――（中略）――世人は或は県営となったことをもって大きな情を受けたものと思う人もあるでしょう。私はこの点についてあなたに申します。あなたは世の人に圧迫されて、また当局の人に迫られて県立に引き上げられたのではなく、自からの中に蓄えられた精神と気風とを保有した儘に我教育を県の教育体制の中に割込ませたものであって、県立となったら一種の昇格と思い、下等なものが優等なものになった様に思う人々に対してはこれを否定します。

私があなたと別れる言葉はここに尽くすことは出来ません。惜別の情は尽きるはずはありません。どうか健在でいて下さい。

こうして福西志計子が四周すべての白眼視の真っただ中で、キリスト教の人間愛の実践として女子教育の炎を燃やし続けた私立順正高等女学校は晴れて県立順正高等女学校に生まれ変わったのである。

7　河合久先生の退職

さきに述べたように福西志計子先生は自分の寿命の終わりが近いのを悟った時、校務を任せられる後継者を求めた。白羽の矢を立てられたのは第1回の卒業生で神戸女学院の教員となっていた河合久先生であった。福西女史の説得に応じた河合先生は30年7月に就任した。河合先生は裁縫科の教諭だけでなく、寄宿舎の舎監を務め生徒の学習と生活を統括した。さらに維持会員に推され、理事を務めた。伊吹校長も重要な問題はすべて河合先生と二人三脚で処理したと述べている。

昭和2年3月31日、河合久先生の退任に際して、伊吹校長は次のように述べている。

何《いず》れの教師の退職転任も悲しく名残惜しい気持になるものですが、とりわけ河合氏の辞任は一しお感慨深いものがあります。という理由は説明し易いようで、少なからず困難を感じるものでもあります。

河合氏の就職は明治30年7月であります。当時、神戸女学院教師として前途ある身を母校の為に犠牲とせられたのです。犠牲などと云う言葉は形容詞のように使わるることが多い世の中に、現実に犠牲を払って教師となると云う様なことは全く理解出来る事ではありませんけれども当時の私立学校を知るもの、ことに我校の歴史を知る人にはたしかに之を承知されると思います。福西氏が病気の為に校務を見ることが困難になり寄宿舎の監督にも人が必要となったので誰か補助者と言うよりも後継者を得なければと福西氏も考えられた結果です。それはもともと河合氏をとの意向が潜在的にあったのが具体化した訳です。まず文書で交渉したことは勿論ですが、明治29年秋期、私は福西氏の使いとして神戸女学院に行き当事者と折衝して同意を得ると共に河合氏にも正式に福西氏の意を伝え、ここに愈いよ明治30年7月をもって母校に就任する約束が成立したのです。こうして予定の月が来て河合氏は我校に帰って教授と舎務を見ることになりました。それから一年たつと福西氏の病気は次第に悪化し到底回復の望みはなくなり、ただその最後の日を待つのみとなりました。明治31年8月21日福西氏の永眠は我校に大きな打撃を与えましたが、時の運と人の努力が相俟って発展することになりました。しかしながら私立学校の経営は実に涙の出るようなこともあり、血のにじむような思いをすることもありました。まして汗を流すといったことは当然のことでした。我校は、当時、生徒が150名位であり、その生徒は四国、九州、中国から主に来ていました。生徒数が増加するにつれ設備の増設も必要となりその為の金策など次々に危機が襲来してとても局外者には味わう事の出来ない経験を少なからずさせていただきました。当然ながら学校の理事の方はこのことに苦心をされましたけれども、之を実行するにつきましては河合氏と私は共力同心いつも二人で語り、祈りながらすすめたものです。（中略）

過去30年の同労者としてやって来た河合氏の退職は私にとって大事な物を失う感に堪えません。外から見ると日常茶飯事に見えても私立学校の経営の苦労をなめたものにはそうは思えません。熱心に忠実に教務と校事に尽し居る人でも転任ということがあるのが現在教育界で行われていることですが、私立学校経営者の場合には辞任することも出来ず、辞任したいとの感情を吐露することも許されないほど結びつきが固いのです。しかし県に移管された今日ではそれは一種の情実的情宜に過ぎないと言う人もいるでしょう。私は之を甘受いたします。それでも一言言いたいのは学校は旅館とは違います。久しく同一校に教師として勤めるものは何物かを胸中深く蔵するものがなくては続けることは出来ず、同僚に不満があるとか、生徒に不足がある為に自分の進退を決めるような人には教育の尊さを語る資格があるかどうか疑わざるを得ないと言う事です。(後略)

伊吹校長が述べているように、福西志計子先生の説得を受け入れた河合久先生は関西の女子の名門校の教員の職を辞して母校に帰り校務の中核となって伊吹先生と協力して順正女学校を支えた。河合先生の果たした母校への献身はきわめて高く評価すべきである。

8 伊吹岩五郎校長の退職

福西女史の没後、河合先生と緊密に協力して順正女学校の重職を担って発展させ中興の祖とたたえられた伊吹先生も、河合先生の辞任の2年後、昭和4年4月30日、遂に辞任した。明治28年4月以来、三十有余年間の永い勤続であった。伊吹岩五郎の人生は順正女学校に捧げた一生であった。福西女史の逝去のあと後継者となってから、財団法人の認可を受けて県費の補助を受け財政的基盤を確立したあと、教育施設を建設拡充し高等女学校の認定を受けるまでの労苦は筆舌につくし難いものであった。伊吹先生にはこの困難に立ち向かい処理していくタレントが備わっていたものと思われる。

伊吹校長は「退職して学校を離るるに際して」と次のようなあいさつをした。

日月回転して止む時なく、我が順正校に関係を有する、早や35年を数ふるに至りました。私はかくして半生の生命を校務に献げ得たことを光栄とします。35年決して人生として短きものでありません。その間社会の変遷も頗る大なるものがあります。此変遷に処して同一校に此年月を過し得たるを思えば満腔感謝の念に満たされます。ことに性情に幾多の欠点を有する私自身としては財団関係者、同労諸士の援助の多大なるを忘れ得ません。人は或は申します。私立経営時代は創立を過ぎて守成の時代だと、私は私立学校には、実際、守成の時代と言うべきものはないと信じています。創業の難とか守成の難とか、区別はなくて常に創業的苦心の連続です。此の意味からして、財団関係者が絶えず協力同力を惜しまずに援助の力を奮い下されたことを謝せねばなりません。これが為に私は財団より記念品など受くべきものでないと考えて居たのです。何となれば私立学校の経営は、経営の中心にあるものよりも、その周囲の援助者の力によることが多いのです。ことに私が関係諸士と共にする時に当って一私立校を維持する為に多大な協力を強いたことを感ぜざるを得ません。また同労者の方々に対して、すなわち教師の方々に対しては幾多の不便を忍ばしめ、幾多の不満を抱かしめ、一意私立学校の教授に従はしめたことの大きかったことを思わねばなりません。

ここには35年にわたる苦心惨憺の努力に対して、何一つ功を誇ることもなく、ただひたすら周囲の方々の援助に対する感謝の言葉だけが述べられている。牧師に相応しい謙虚な言葉に敬服させられる。

また送る側は、

昭和4年4月30日、それは我が伊吹校長が30有余年間（明治28年4月以来）の長い御教職生活の最後の日である。同時に又先生が順正高等女学校と公職上の一切の関係を断たるべき日であった。いやしくも順正校の歴史を知るものは誰か無量の感慨なきを得よう。

伊吹先生はまだ少壮有為の元気盛りの頃において本校に御就任になり、然して一度御就任になってから後というものは、他から如何なる有力な条件を以て誘われても、決して心を他に転向になるような事はなかったと聞いている。この一事を以ってしても順正女学校はつとに先生の御安住の地であった事を知るに難くないのである。希望に燃え、血気にはやり、ともすれば功利主義の徒にまで陥り易い、青年時代に経験を持った程のものは、何人も先生の此の御心情を清想して思い半ばに過ぐるものがあろう。

既に御安住の地である以上、順正女学校は先生と一身同体であった。即ち先生の35年間の御履歴は実にそのまま順正校の歴史である。

我が順正校の過去には、明らかに苦心惨胆の歴史がある。さすれば又先生の過去の履歴にも悪戦苦闘はつきものである。思うに高潔雄偉、独立独行の御人格は固より人々の敬仰する処であろう。併しながら更に尊いことは、不撓不屈、敢為断行の精神を以てよく我が校の難関を打開しおえて以て今日の安泰にまで校運を導き育てて下さった先生の此の悪戦苦闘の御功績であらねばならぬ。送別式の際の御訓誡の言葉は「命あるものはつぶやかず」というのであった。何だか先生御自身の過去を――そして未来をも――雄弁に物語っているように思われる。

先生と遂にお別れすべき日が来た事が今更悲しいなどというのも却ってわざとらしいが、誠に惜しんでも惜しんでも尚惜しみ足らない痛恨事である。

御退職後の先生は爾来高梁町の御自宅にあって著作に従事されている。既に『修身科より見たる性の問題』を発行せられ、目下は『山田方谷先生』に御着手であると承っている。此の尊い御事業に対しては誠に御同慶の至りである。どうか先生が現在の御健康をいく久しく御保ち下さって、此の上とも順正校の為に、また社会のために御援助と御指導とを賜らん事を祈ってやまぬ次第である。

去り行く伊吹先生が「黙して語らず」とも送り出す人々は先生の偉大な業績を高く評価し、さらに「高潔雄偉、独立独行の御人格は固より人々の敬仰する処」であったことがうかがわれる。

さらに卒業生は送別会について次の文章を遺している。

今もわすれません。5月5日、その日は前校長伊吹先生の送別式の日でした。

その日私達は、悲しくいたむ胸をおさえながら登校しました。そして授業時間にも先生の講義は一向耳に入らず、ただ頭がぼーっとして打沈み、教室には陰気な、もの悲しい空気が立ちこめていました。それから三時間目のサイレンを合図に送別式が始まりました。

先生方私達一同は席につき校長先生もしずしずと座におつきになりました。私はその時目前においでになるこの先生が、ほんとに御勇退になってもう此の学校では毎日お会いする事が出来ない様になるのかと思うとほんとにお名残惜しく、ただただ先生のお体を一心に見まもるのみでした。

式は順々に進み、校歌を歌って内田先生の送別の辞がありました。その時はあちこちに、すすり泣の声が起りました。私も落ち来る涙をおさえながら一心に聞いていました。まもなく先生の送別の辞もすみ、伊吹先生の諸先生に対する御挨拶も終わりいよいよ生徒一同の代表者新井さんの送別の辞になりました。

その時も胸がはりさける様な思いがして、しばしば先生のお顔も目がうるんでよく仰ぎ見る事も出来ませんでした。

それから伊吹先生の謝辞がありました。その時はお話になる先生も涙、聞く私達も涙でその時の有様はどんなに書いてよいやらわかりません。

でも先生のお言葉の中、私の胸の中に深くきざまれたのは「今までの悪かった事を皆私におわせて出して下さい。そして皆さんは今までのあった事はすっかりわすれて立派に勵んで下さい」と言われた事です。その寛大なお心、私達一同を此の様に心にかけて愛して下さるお心を謝して一層感じを深くしました。また今さらながら、先生の清いお心を深く感じてほんとにもったいない様な気がしました。

そして送別式も涙の中におわり、私達は目をはらして先生を送りすべく門外へ出ました。そして無言のお別れをつげて心ゆくまでお見送りしました。先生に平安あれと神に祈りながら。

あたかも人類の罪を背負ってイエスが十字架にかかることによって人類の罪が許されたことに似て、「今までの悪かった事を皆私におわせて出して下さい」と述べた伊吹の言葉は生徒や教職員大きな感動を与えた。この文章を見ても伊吹がすべての学校関係者からいかに敬愛されていたかが推察される。

9　伊吹校長の著作活動

伊吹先生の貢献のなかで忘れてならないことは先生の著作活動である。先生は多忙な勤めのなかにあって多くの記録を書き残しているが基本的なものは次のようなものである。
(1)　我が校の歴史
(2)　歿後三十年に当り　福西先生を偲びて　（昭和3年8月）
(3)　信仰美談　（明治31年12月）
(4)　過古の面影　（明治41年11月）
(5)　『山田方谷』　（昭和5年2月）
(6)　修身科より見たる性の問題　（昭和5年3月）

ことに山田方谷の研究は明治期から続けていたもので、これをみても順正女学校には山田方谷の精神が一貫して流れていたものと推定することが出来よう。

さらに大変幸いだったことは創立者福西志計子が不言実行のタイプで全くといってよい程記録を残していなかったから、順正女学校の歴史は消滅する運命にあったのに、伊吹先生が多くの記録を残してくれた為、貴重な歴史の消滅をまぬがれることが出来た事である。本書もほとんど伊吹先生の記録にもとづいて書いている。

まとめ――順正女学校と伊吹岩五郎の宿縁

① 石井十次は「花田（伊吹）岩五郎が血の気が多く、古い教会には長く勤まるまいから不就学児童の教育に当りながら、岡山近郊の教会の広援説教に当るのがよい」と考えたが、この石井十次の伊吹先生に対する評価は幸いなことには全くの的はずれに終わった。むしろ逆に、高梁教会の牧師兼順正女学校の講師となった伊吹先生は、双方から乞われて責任を担い、やがて教会の牧師職を辞して順正女学校の校長職に専念し、順正女学校に35年間も勤務しさらに定年退職後も高梁を離れることなく、長寿を保って高梁に貢献して骨を埋めることとなった。伊吹先生は高梁にまことに深い縁があったのである。縁結に決定的な役割を演じたのは福西志計子先生であったが、伊吹先生は病床の福西先生を半年以上にわたってほとんど毎日訪ねて心のケアを続け終焉をみとった。かぎりなく美しい二人の縁というべきであろう。

② 創立者福西志計子は若い花田（伊吹）岩五郎に最初から尋常ではない愛情を注いだ。福西先生は須藤英江と協力して花田岩五郎を伊吹家への入婿になることを勧め、順正女学校で結婚式をあげさせるという徹底ぶりであった。さらにそれから間もなく福西先生は伊

吹講師に向かって「あなたは伝道がいやになったらこの学校をやりなさい。これは遠慮はいらないから」と述べたという。一度信用したらとことんまで愛を注ぐという福西女史の名目躍如たるものがある。興味尽きないのは、福西先生の予言（勧め）通り、伊吹先生は牧師がいやになったわけではないのにやめて、順正女学校の校長に専念したのである。二人はやはり不思議な縁で結ばれていたのである。

③　伊吹先生が順正女学校の講師に就任した明治28年は学校がようやく女学校らしい基盤を確立し、名声が高まり、さらに発展拡張に向かいつつあった時期であった。しかしその後1年余りで福西先生は病を得て療養に努めることとなった。学校のさらなる発展をねがい、それを胸に秘めながら、他方では迫り来る寿命を自覚してその矛盾にさいなまれる福西女史の焦燥感を伊吹牧師は全力をあげて治癒することに努めた。その頃伊吹牧師はコリント人への第2の手紙「あなたは私の恩寵で足りる。(恩寵の)力は弱さのうちに完成されるからである」を読んであげると福西は割然と悟り、「もう何も気にかかることなし、私の為すだけのことはした。後はまた神の働きがある。何も憂うることはない」。

こうして満面に笑みを浮かべ従容自若として天国へと旅立っていった。臨終に立ち会った人達は口を揃えて崇高なまでの美しい昇天であったと述べている。なんと見事な死にざまでであろうか。最初に会った時からこの若者こそ我が後継者と思いつめていた福西女史と半年もの間、毎日のように病床を訪ねて聖書をともに読んで心を癒し安心立命を与えつつ天国へ送った伊吹岩五郎の二人には美しい魂の絆があった。

④ 伊吹牧師は福西先生の惜しみなき愛を感じていたからこそ福西先生の死後、学校経営の後継者が決まらず迷走している事態にたまりかね、火中の栗を拾うことであることを承知の上で、伊吹先生は「適当な後継者がなければ、私が引受けてもよい」と申し出たのであった。

⑤ 校長職についた伊吹先生の活躍は目覚ましいものがあった。まず財団法人の認可をとり、財政的基盤を確立すると、県の補助金を得て校舎を増築して教育環境を整え、ますます順正女学校の評価を高めた。

⑥ その結果、知事は順正女学校の県立移管を提案して来た。伊吹校長は順正女学校がキリスト教的人道主義の学校であるから、これを県立に移管することは、建学の理念を失うことになる。それ故県立移管を受け入れるつもりはなかったが、時代の趨勢に抗することは、廃校に追い込まれることは必定で、ほとんど不可能であった。女学校の維持会は涙をのんで県の要請を受入れた。順正女学校は発展の極みに建学の理念を失うこととなった。

⑦　順正女学校は県立化したにもかかわらず、伊吹岩五郎が校長職を続け、校務の中心に河合久先生がいるかぎり、福西志計子の建学の理念は表面上はともかく、本質的には保持されていたと思われる。しかしながら昭和2年3月末に河合久先生が退職し、ついで2年後の昭和4年4月末には伊吹校長もついに退職するに及んで、順正女学校の理念は実質的にも次第に薄れ、やがて次第に消えていく運命となった。その後、昭和6年には満州事変が起こり、次に12年には支那事変、さらに昭和16年12月には太平洋戦争に突入することになった。

順正女学校を創立した福西志計子は明治10年代の文明開化・西欧化の荒波のなかで、人間の自由・平等・女子教育という近代の理念を追い求め、その魂が見事に開いた高潔な「白百合の花」であった。

福西志計子も伊吹岩五郎も世俗の名利に見むきもせず、ただひたすら女子教育という清冽な生き方に生涯を献げた人達であった。それ故に二人の生きざまは崇高なほどに美しい。

十一章　県立順正高等女学校　その後の歩み

明治31年8月21日、創立者福西志計子は逝去した。その後を引き受けたのは、福西志計子が3年前骨折って高梁基督教会の牧師に迎えた伊吹岩五郎であった。校務と舎監の役を継承したのは、順正出身の河合久で、両者が協力して困難な学校運営に当たったのである。

伊吹岩五郎は、もともと福西女史に請われて高梁教会の牧師となると同時に、順正女学校の講師となった人であったから、福西女史が亡くなっても伊吹校長と河合先生がいるかぎり、福西女史のキリスト教的精神は、形式的にも内容的にも十分に継承されていた。

しかし、大正10年から県立に移管された後は、少なくとも形式的にはキリスト教的色彩は払拭されなければならなかった。それでも伊吹校長と河合先生がいれば、形式的にはともかく、内容的には人間愛は学校の雰囲気のなかに保持されて来たと推察される。2人の先生の人格そのものが人間愛を体現していたからである。

しかし昭和2年3月31日には30年間母校の為に献身した河合久先生が退任され、その2年後の昭和4年4月末には伊吹校長先生も35年の勤めを終えられた。伊吹先生の辞任後は、当然のことながら先生が身に付けていたキリスト教的人間愛の雰囲気も稀薄になり、やがて消滅する運命にあった。その後の歩みを歴代の校長について略記してみよう。

1　伊吹校長の後の歴代校長

(1)　渡辺喜作校長（昭4・4～昭5・3）

伊吹校長が退職されたあと、順正女学校は渡辺喜作新校長を迎えた。渡辺先生は吉備郡水内村の出身で、県の会計課長からの転出であった。先生は以前に上房郡視学として高梁町に居住していたこともあり、順正女学校についても理解を持っておられたのが幸いであった。先生は学校発展に意欲を燃やしたが、遺憾なことに病魔に襲われ昭和5年4月5日、在勤1年で退任された。

(2)　山崎九二五校長（昭5・3～昭6・3）

渡辺先生の後には山崎九二五校長が着任した。岡山市出身で、東京高等師範学校を卒業し愛知県、大分県、山口県の男子中学を歴任して地元に帰り岡山中学校の教諭をしておられた方で、新進気鋭の先生であったが渡辺先生と同じく在任1年で昭和6年4月には矢掛中学校に転出された。

(3) 松本晋二校長（昭6・4〜昭10・8）

山崎校長の後任には昭和6年4月4日、松本晋二先生が着任された。先生は岡山県勝田郡広野村の御出身で東京外語を卒業して栃木県で教えた後、矢掛中学からの赴任であった。先生は「女性は女性らしい品格のそなわった人物にならねばならない」と女子教育の重要性を説いた。「園の音信」（35号）にも「先生の本校に御赴任下さいましたのは去る昭和6年4月でありまして、爾来4年有余、その崇高なる御人格と卓越せる御見識とをもって本校ならびに清馨会の為日夜を忘れて御尽瘁下さいました御功績の数々は今茲に申し尽くすことは到底出来ません」と記されている。先生は約4年間勤めて昭和10年8月31日辞任された。

(4) 鳥越保太校長（昭10・9〜昭15・5）

松本校長が昭和10年8月31日に辞任された後には鳥越保太校長が就任された。鳥越校長は昭和15年5月まで5年足らず勤務されたが極めて意欲的に活動され、就任の翌11年には「順正五訓」なるものを制定して訓育に精励した。

順正五訓

1　健康にして機敏なれ
2　怜悧にして気転あれ
3　温順にして明朗なれ
4　貞正にして敬虔なれ
5　熱誠にして有為なれ

この五訓には順正女学校の伝統的な教育目標とされた「温順貞正」が3、4項に含まれてはいるが、キリスト教的人間愛は言うまでもなく、普遍的なヒューマニズムの理念とも離れたものとなっている。

『創立記念史　松籟』にも「創立当時よりキリスト教の色濃いこの学校の空気は、県立となってやや希薄になったといえ、底には大きく流れていたと考えられるのであるが、この順正五訓あたりから自由でのびやかなものが失われていった」と記されている。

鳥越校長は「五訓」の外にも、「本校教育の根本理念」を示して女子教育の目標を具体的に示しており、熱意の程が推察される。

しかしながら『創立記念史　松籟』に示された「皇民道の実践倫理」、「迷へる世界の姿」、「皇化の宣揚」、「皇化翼賛」に述べられている内容は、「軍国主義」あるいは「国家主義」の礼讃に終始している。これは、鳥越校長の在任時期が支那事変から太平洋戦争に突入する直前であったことを思い合わせる時、鳥越校長もまた時代精神の忠実なイデオローグであったと認めざるを得ない。

創立期にはキリスト教的な人道主義・人間愛を教育理念に掲げた私立順正女学校も県立女学校となり、更に太平洋戦争に突入していく時代のなかで皇国史観にのみ込まれていったのである。

鳥越校長は皇紀2600年、順正女学校創立60周年記念行事の準備をすすめるため、学校設備の充実構想を提案した。それは、

イ　精神顕揚の立場から

・国旗掲揚台の建設　・敬神崇祖の対象物

・修養の道場としての講堂

ロ　女学校教育の本領拡充

・裁縫教室三を増築　・作法教室および裁縫教室

・家事室の改造　・洗濯染色教室の増築

ハ　体育施設の完成

・体育館の新築

と、8項目の増改築を提言している。

しかし鳥越校長は記念行事の直前に転出した。

(5) 両部尊明校長（昭15・6〜昭16・5）と創立60周年記念行事

鳥越先生のあとには昭和15年6月に両部尊明先生が就任された。両部先生も満1カ年という短い在任期間であったが、昭和15年の秋には皇紀2600年と順正創立60周年の記念行事が盛大に開催されその重責を負った。

順正女学校創立60周年記念行事

① 60周年記念事業日程

イ　10月23日（水）　第1日

記念式および表彰式

昼　食

記念講演

ロ　10月24日（木）　第2日

物故職員、卒業生慰霊祭

同窓会

昼　食

文芸会

ハ　10月25日（金）　第3日

運動会

展覧会　国策館、美術館、郷土館

② 第1日目

第1日目の記念式は宮城遥拝から始まり、学校長式辞、長官告辞につづいて各界の祝辞が述べられた。これは文部大臣から始まったが、第8番目に順正財団総代として伊吹岩五郎先生の名が見える。校長をひかれて11年が経ったが伊吹先生は財団法人の総代をされていることがわかる。ついで11番目に卒業生総代として河合久先生の祝辞がみえる。第1回の卒業生としての河合先生は、順正女学校の生き証人として祝辞を述べたのであろう。

次に「祝電」には近衛文磨外数十名の名があるが、その中に「原とも」先生の名がみえる。この方は明治18年順正女学校を発足させるために神戸英和学校（神戸女学院）から赴任していただいた先生である。この頃は神戸に帰られ、神戸女子神学校（現聖和大学）で教鞭をとっていたが、順正女学校のことを忘れることなく祝電を送ったことが知られる。

第3に「表彰」では、順正財団功労者表彰として4名があげられているが、その中に伊吹岩五郎と河合久の名がある。退職後10年以上経過しているにもかかわらず、順正女学校と深いつながりがあることがわかる。

③　第2日目

第2日目には物故職員・卒業生の慰霊祭がとり行われたが、伊吹岩五郎先生は来賓として玉串奉奠を行った。つづいて記念同総会が開かれたが、254名が出席して盛大に会が持たれた。その中で伊吹岩五郎先生は「懐旧談」を話されている。

④　第3日目

第3日目には創立60周年記念秋季大運動会が盛大に行われた。43種目にわたる競技の壮大さもさることながら、会場を包む雰囲気は正に天をつくものがあった。「大盤石の備固き500の乙女はユニホームにブルーマー、ノーストッキング、ノーシューズの頼もしいでたちで興亜女性の意気を高らかに示している」とある。

有志のなぎなたは日本武道の真髄を示し、2600m継走国防競技大会も圧巻であったが、閉会近くに行われたブルーマー部隊の分列行進は中隊長の指揮もあざやかに新体制下の日本女性の意気も高く、観覧の父兄母姉にも頼もしい印象を与えたと思われる。

この雰囲気からも太平洋戦争に突入直前の日本の高等女学校が、国家総動員体制に組み込まれている姿が如実にうかがえて興味深い。

記念展覧会は、国策、美術、郷土の3つに分かれてなされた。

国策第1室の陳列物には興亜国民会など8点

国策第2室は生徒による更生品350点陳列

美術第1室には裁縫（全学年）、手芸（3、4、5年）、染色46点

美術第2、3、4室には書・画その他の展示

こうして創立60周年の記念大会はまことに盛大なものであった。学生数わずか10人程で発足した塾のような順正女学校は60年間にこれ程までに成長発展したのである。20年前に

県立に移管し、教育理念はいささか変わったとはいえ、高梁の順正女学校であることには変わりはなかったのである。

(6) 田代常七校長（昭16・6〜昭21・11）

60周年記念会の大役を果たしながら、両部校長が任期1年で去ったあと田代常七校長が着任した。田代校長は着任半年後に日本は太平洋戦争に突入し、苦闘3年余、遂に力尽きて20年8月15日敗戦を迎えるという悲惨な経験をしたが、この苦難の時期を校長の責にあった方である。

昭和16年12月8日、日本は真珠湾を奇襲し対米英戦争に突入した。これに伴い12月16日に岡山県知事は「岡山県学校報国団則」を設け、順正高等女学校にも報国隊が設けられた。

岡山県順正高等女学校報国隊
　報国隊長（田代校長）
　報国隊本隊　隊長（村上教頭）
　　隊付（大井嘱託）

第1大隊　大隊長（樋口教諭）
第1中隊　中隊長（谷田教諭）小隊―4分隊
第2中隊　中隊長（中村教諭）小隊―4分隊
第2大隊　大隊長（松田教諭）
第3中隊　中隊長（片山教諭）小隊―4分隊
第4中隊　中隊長（野上教諭）小隊―4分隊
第5中隊　中隊長（荒木教諭）小隊―4分隊

順正女学校では昭和12年支那事変勃発の頃から皇軍の慰問、出征軍人家族への奉仕、農園作業を行っていたが、太平洋戦争に入ってこれが益々強化されていった。次に田代校長による製炭作業に関する文を掲げよう。

「わが校の製炭作業について」　田代校長

かつて与謝野晶子女史は山紫に水清らかなわが高梁の仙郷をおとづれて、つぎのような三十一文字をよまれました。

白じろとたまれる霧の上走る
　吉備の古城の山の秋風

右の歌のなかの古城こそは、その名も高い630余年の長い歴史をほこる国宝松山城なのであります。

この名城松山城のあります城山のすそを引いたところに、かまぼこ形の清そなすがたをした秋葉山がそびえておりまして、この山のふもとに創立61周年の歴史と伝統を有するわが校のまなびやがあります。そして、ただいま600のおとめが皇国臣民としての錬成に朝な夕なししとして奮闘努力いたしているのであります。

このまなびやの西北の側、山ろくに近く一すじの白いけむりの立ち上っているあたりが、これから私のお話し申しあげようとするわが校の製炭作業の営まれているところであります。

さて、わが校の製炭作業の動機はと申しますと、支那事変の進展にともない、銃後にあっては一億一心、国民精神の高揚、さては職域奉公等が叫ばれ、続いて生産の拡充強化なかんずく当地方では食糧品の増産確保が強調せらるるにいたりました。

本校もまた、生活実践を通じて産業報国精神の培養に力をいたし、すでに空閑地の利用あるいは荒ぶ地の開墾などいたしまして甘しょ、豆あるいは野菜をつくりました。

そとにあっては出征遺家族への労力奉仕に、内にあっては女子の特技による裁縫奉仕にとおもい勤労作業をいたしてまいりました。

しかし、高梁の地は岡山県の南部地方にくらべて労力奉仕の種類も、その分量も少ないし、また耕作反別の少ないため、食糧の増産には直接十二分の労力奉仕は困難なる実状にあるのであります。

そこで「われらの必需品はわれらの手で」と、これをモットーとしてすでに花をつくり、生花の自給自足をして参りましたが、さらに進んで花以上に必要であり、かつ大量消費する木炭にも自給自足の道を講じ、もって食糧品の増産確保に間接に寄与こうけんしようと決したのであります。これがそもそも製炭作業開始の動機であったのであります。（後略）

「学校農園」

学校農園は秋葉山ろくの両側と御前神社へ行く道の傾斜面その他を合わせて2反余、増産のためあたらしく秋葉山を階段状に開墾した1反5畝、この年の秋、そこへ甘しょ、大根その他の野菜をつくる。甘しょは学校でふかして全校生徒でたべるとか、また運動場の

周囲の柿の木がまっかな実をつけるころ、また全校生徒に分けて運動後の渇きをいやすのに利用したのである。（後略）

このような報国隊の結成、炭焼作業、学校農園の作業には、太平洋戦争中の女学校の生活がよく示されている。

2　高梁高等女学校へと改称

昭和18年4月、田代校長の在任中であるが、県立順正高等女学校は県立高梁高等女学校へと改称した。ここに遂に「順正」の校名が消滅した。それは62年の寿命であった。「順正」が校名から消えた理由は知られていないが、太平洋戦争が深刻な危機に突入していくなかで、国家の教育体制はこのような私学の伝統を持つ名称を尊重する余裕を失ったのであろうか。

(1)　軍需工場への動員

昭和19年2月「決戦非常措置要綱ニ基ク学徒動員実施要綱」が閣議決定され、中学校程度以上の学徒は順次軍需工場へ動員されていった。

そこで高梁高等女学校3年生は昭和19年6月以降、三菱重工水島航空機製作所へ出動した。組立工場・鋳造工場・検査係の3班に分かれ、身体の虚弱なものは検査係となった。2組交替制で鉢巻をしめ、軍歌をうたい、歩調をとって工場までの道を行進した。寮は亀島にあり、全員寮生活であった。

水島の工場が空襲で焼けてからは、呼松の工場へ変わったので高梁から通勤した。

(2) 終戦（20年8月15日）

昭和20年、太平洋戦争は終わった。動員されていた3年、4年が順次復学して来た。教科書もなく、ザラ紙の洋半紙に教師が印刷したものを使用するしかない有様であった。英語の授業も始まった。

終戦後の混乱のなかで、田代先生は21年11月に辞任された。

(3) 斉藤健治先生（昭21・12～昭23・7）

田代先生に代わって、鴨方高女から斉藤健治先生が校長に就任した。

3 県立高梁第二高等学校と改称（昭和23年4月）

6・3・3制の学制改革が進展していくなかで、高梁高等女学校は高梁第二高等学校に改称した。これは高梁第一高等学校（男子校）と合併して男女共学にするための準備であった。

9月には斉藤健治校長に代わって、木口健造先生が校長に就任した。

4　高梁第一高等学校と合併（昭和24年）

そこで伊賀町の女学校（家政科）は県立高梁高等学校伊賀町校舎と称し、西本茂樹先生が部長となった。この年の3月、女学校最後の卒業生が巣立っていった。第1回よりかぞえて卒業生3673名であった。

24年度の2学期から3学期にかけて、伊賀町校舎で順正70周年記念行事が行われた。

1　運動会　10月23日
2　文芸会　12月4日
3　祝　典　2月25日
4　同窓会総会　2月25日
5　成績展示会　2月25日・26日

6　音楽会　　2月26日

同窓会では4番目に「伊吹先生のお話」があり、86歳の先生がかくしゃくとして講演され参加者の間には感激の嗚咽が洩れたという。

5　伊賀町校舎の廃止

昭和42年3月に伊賀町校舎を内山下校舎に統合し、伊賀町校舎の家庭科もなくなった。昭和18年に順正女学校が高梁高等女学校となった後も、市民にとっては伊賀町校舎は依然として順正女学校であったが、それもこうして消滅した。これが順正女学校の最終的な終焉であった。

6　伊賀町校舎閉鎖式

昭和42年3月末日をもって伊賀町校舎を閉鎖するにあたり、2月18日同校舎閉鎖式が行われた。そこには順正高等女学校ゆかりの深い人達、旧職員、同窓生代表、ＰＴＡ代表、および家政科生徒全員が出席し、校内行事としてではあったが、伊賀町校舎と最後の名残を惜しんだ。式は次のようにとり行われた。

伊賀町校舎閉鎖式要項

式次第

1　開式の辞
2　君が代斉唱
3　校歌斉唱
4　式辞
5　来賓あいさつ
6　生徒代表所感
7　蛍の光斉唱
8　閉会の辞

会食

1　来賓・本校職員（和裁教室）

2　生徒（各ＨＲ教室）

この模様を報道した中国新聞には創立者福西志計子の胸像を中心に参加者、校舎、式の様子など4枚の写真を配して大きく報じている。

さらに見出しには「さようなら順正」、「感慨ひとしお87年の歩み」と書かれている。

昭和18年3月末に順正高等女学校は消滅し高梁高等女学校となり、23年には高梁第二高等学校、24年には高梁高等学校伊賀町校舎となったが、一般市民にとっては伊賀町校舎は一貫して順正女学校であったのだ。中国新聞の記事はまさにこの事を証明している。順正女学校は87年間歩み続けたのである。

エピローグ――順正短期大学の誕生

順正高等女学校は昭和18年3月末に消滅し高梁高等女学校となり、昭和23年には高梁第二高等学校と改称し、24年には高梁高等学校と統合して同校伊賀町校舎となった。ところが昭和37年秋に県当局は高梁高校内山下校舎と同伊賀町校舎の統合計画を高梁市議会に示し協力を求めた。

地元関係者の間でいろいろな案が検討された。校地跡を総合病院や市営住宅団地にする案などもあった。しかし由緒ある順正高女の地をできることなら教育の殿堂として今後も残しておきたいという声が強かった。そこで市当局は短期大学の誘致を岡山理科大学の加計勉理事長に請願した。加計理事長は市当局の熱意にほだされて、伊賀町の順正女学校地跡に短期大学を創設することを決意した。

これを受けて41年7月高梁市から県に対して「高梁高校伊賀町校舎払下陳情書」を提出した。

それによると、

理由は統合によって今後不要になる伊賀町校舎をさらに教育施設として利用し、備北地域の教育文化の向上を図るためであった。

使用目的は短期大学の設置、経営者は加計学園であった。

山陽新聞（8月21日）によると、加計理事長は、

① 来月（41年9月）文部省に学校法人許可を申請し42年4月開学とする。

② 校名を順正短期大学と名づけ、伝統ある順正の名を残す。

③ 生徒は女子を対象に定員200名。

④ 保育科と保健科の二学科とする。

⑤ 保健科では看護婦、保健婦を養成する。

という構想を披歴した。

こうして順正短期大学は誕生したのであるが、「順正」という校名を望んだのは市民であった。高梁市当局は加計理事長がほだされる程の熱意をもって短大誘致を請願したが、加計理事長が誘致の意志を示すや、重ねて校名の陳情を行った。伊賀町校舎には女子教育の先覚者福西志計子が明治18年、岡山県下初の順正女学校を創りそれが連綿と存続し、天下の名門女子校と称されたが、この事実を市民は誇りとしているのであるから、ぜひとも

「順正」の名を付けて欲しいと強力に請願したのである。この熱情に加計理事長も心動かされたのである。「順正」はこうして再び伊賀町に蘇ったのである。

明治16年福西志計子がメアリー・ライオンの自伝を読んで発憤し、自分も女子教育の学校を創ろうと決意したが、ライオンが作ったのはカレッジであったから、福西志計子の最終的な目標はカレッジの創設であったと推察されるが、病魔に冒されたため女学校の創設という志半ばで終わった。

このような意味合いからすると、加計勉理事長は福西志計子の理念の最終的な完成者であるといえるのではあるまいか。

〈主な参考文献〉

一　山田方谷関係

(1) 朝森要『備中聖人　山田方谷』山陽新聞社　平成7年

(2) 伊吹岩五郎『山田方谷』順正高等女学校清馨会　昭和5年

(3) 魚木忠一著『日本基督教の精神的伝統』基督教思想叢書刊行会版　昭和16年

(4) 蔵内数太著作集刊行会『蔵内数太著作集第五巻』昭和59年

(5) 高梁市史編纂委員会『増補版　高梁市史』平成16年

(6) 新渡戸稲造・奈良本辰也訳『武士道』三笠書房　平成5年

(7) 方谷に学ぶ会『山田方谷』平成10年

(8) 方谷を学ぶ会『山田方谷』平成14年

(9) 矢吹邦彦『炎の陽明学』明徳出版社　平成8年

(10) 矢吹邦彦『ケインズに先駆けた日本人—山田方谷外伝』平成10年

(11) 山田方谷顕彰会『入門　山田方谷』柳本印刷株式会社　平成17年

(12) 三島復著『哲人　山田方谷』文華堂書店　明治43年

(13) 宮原信『哲人　山田方谷とその詩』明徳出版社　昭和53年

二 福西志計子・順正女学校・伊吹岩五郎関係

(1) 伊吹岩五郎『過去の面影』岡山孤児院大阪印刷部 明治41年
(2) 伊吹岩五郎「福西志計子」留岡幸助篇『信仰美談』警醒社書店 明治31年
(3) 伊吹岩五郎「歿後三十年に当り 福西先生を偲びて」順正高等女学校清馨会 昭和3年
(4) 伊吹岩五郎「修身科より見たる性の問題」順正高等女学校 昭和5年
(5) 井原・後月教育センター編『地域の教育遺産を掘る』山陽新聞社 平成8年
(6)『植村正久著作集第一巻』新教出版社 昭和41年
(7) 岡山県立高梁高等学校『創立記念史 松籟』昭和50年
(8) 岡山県立高梁高等学校『おもいでの記 おち葉』昭和49年
(9) 倉田和四生『留岡幸助と備中高梁』吉備人出版 平成17年
(10) 現代語で読む新島襄編集委員会『現代語で読む新島襄』丸善出版 平成12年
(11) 神戸女学院『神戸女学院百年史 各論』昭和56年
(12) 柴田泰『明治前期高梁医療近代化史』高梁医師会 平成元年
(13) 内藤正中著『自由民権運動の研究』青木書店 昭和39年
(14) 日本基督教団高梁教会『高梁教会一二〇年史』平成14年
(15) 竹中正夫編三井久著『近代日本の青年群像』日本YMCA同盟出版 昭和55年

三　留岡幸助・山室軍平・石井十次関係
(1) 秋元巳太郎『山室軍平の生涯』救世軍出版供給部　昭和58年
(2) 石井記念協会『石井十次伝』大空社　昭和62年
(3) 黒木晩石編『石井十次』講談社　昭和58年
(4) 関根文之助『平民使徒　山室軍平』不二屋書房　昭和10年
(5)『留岡幸助・自叙・家庭学校』日本図書センター　平成11年
(6)『留岡幸助君古希記念会論文集』昭和8年
(7) 同志社大学人文科学研究所『石井十次の研究』角川書店　平成11年
(8) 藤井常文『留岡幸助の生涯』法政出版　平成4年
(9) 室田保夫『留岡幸助の研究』不二出版　平成10年
(10) 山室武甫『山室軍平選集　第10巻　書翰集』日本図書センター　平成7年
(11) 山室武甫『人道の戦士　山室軍平』玉川大学出版会　昭和40年
(12) 横田賢一『岡山孤児院物語―石井十次の足跡』山陽新聞社　平成15年

順正女学校略年譜

天保8年（1837）		木村静　江戸備中松山藩の桜田屋敷に生まれる
弘化4年（1847）		福西志計子生まれる
嘉永2年（1849）		板倉勝静藩主となる
		山田方谷元締役兼吟味役となる
文久2年（1862）		板倉勝静老中となる
明治元年（1868）	1月	鳥羽伏見の戦いに敗れ、朝敵とされ備中松山城無血開城
明治2年（1869）	9月	松山藩を高梁藩（二万石）として再興
明治4年（1871）		廃藩置県　藩校有終館閉校
明治8年（1875）		岡山裁縫伝習所に木村静・福西志計子入学
明治9年（1876）		中之丁の小学校に女紅場が出来、女子教育が始まる
		木村静と福西志計子が女紅場の教員となる
		吉田関治高梁小学校訓導となる
明治10年（1877）		女紅場を高梁小学校付属裁縫所と改称
明治11年（1878）		吉田関治高梁小学校校長となる
明治12年（1879）		柴原宗助等の開口社による自由民権運動始まる

順正女学校略年譜

	10月	開口社の招きにより、中川横太郎、J・C・ベリー、金森通倫が高梁を訪ね初めてキリスト教の説教がなされる
明治13年（1880）	2月	キリスト教伝道のため新島襄が高梁を訪ねた
明治14年（1881）	7月	木村静・福西志計子付属裁縫所辞職
	12月	二人で順正女学校（私立裁縫所）を設立
明治15年（1882）	4月	高梁基督教会設立、15人受洗
	7月	校舎として黒野氏宅を買い取り、別に一棟を建て、校舎に充てる
	7月	留岡幸助受洗
明治16年（1883）		福西志計子、メアリー・ライオンの伝記を読み正規の女学校の設立を決意
明治16・17年		高梁教会にリヴァイバルが起こる。教会への迫害が発生
明治18年（1885）	1月	裁縫科に文学科を加え正規の女学校として順正女学校を創設
		初代校長は柴原宗助が就任
明治19年（1886）		柴原宗助が京都に移住したため二代目の校長には柳井重宣が就任
明治21年（1888）	3月	第三代校長に古木虎三郎牧師が就任
明治22年（1889）	9月	高梁基督教会を柿木町に献堂
明治23年（1890）		木曜日会を組織

明治25年（1892）		寺沢精一牧師が第四代校長に就任
明治26年（1893）	10月	校舎増築の相談会を開く
明治27年（1894）		新築趣意書発表
	5月	花田岩五郎、応援伝道に高梁教会に来る
	11月	石井十次・花田岩五郎・山室軍平・福西志計子等一行、世界救世軍の話を聞くため松江のバックストンのところへ旅行
明治28年（1895）	1月	蓑内鉱一郎第五代校長に就任
	2月	福西・須藤の仲介で花田岩五郎は伊吹家の入婿となり高梁教会牧師就任
	4月	伊吹岩五郎順正女学校の講師となる
	11月	頼久寺校舎完成移転
明治29年（1896）	3月	28日／校舎移転式
	4月	寄宿舎竣工
	夏	福西志計子発病し転地療養
明治30年（1897）	1月	岡山市にて療養（約3カ月）
	5月	児島郡田ノ口にて療養（3カ月）
	7月	河合久先生神戸女学院を辞し順正女学校に就任

順正女学校略年譜

明治31年（1898）	3月	下旬／校務の責任を河合先生に託す
	8月	21日／福西志計子先生死去
	11月	財団法人が認可され、私立高梁順正女学校となる
	同	伊吹岩五郎先生第六代校長となる
明治32年（1899）		県の補助金500円を受ける
明治34年（1901）		上房郡から補助金を受ける
		卒業生・在校生の通信誌として「園の音信」創刊
明治35年（1902）		県の補助金を受け寄宿舎建設
明治36年（1903）		事務室・茶室・物置を建設
明治39年（1906）		県知事から県立移管の話あるも立ち消え
明治40年（1907）		敷地を登録し、補助金4500円を受け、二教場と付属建物の着工
明治41年（1908）	11月	県特別補助金1500円を受け、伊賀町に教場一棟、講堂一棟落成・移転
明治43年（1910）		この年から毎年クリスマスに清馨会大会を催す
明治44年（1911）		作法室・書籍室を建てる
明治45年（1912）		順正高等女学校となる
大正2年（1913）		卒業式に初めて校歌が歌われる

大正6年（1917）		校旗制定
大正10年（1921）	3月	27日／卒業式に併せ創立四〇周年祝賀会
	4月	1日／県立に移管し県立順正高等学校と改称
大正11年（1922）	11月	二階建普通教室六教室が竣工
大正12年（1923）		理科教室竣工
大正15年（1926）		割烹教室、洗濯場竣工
昭和2年（1927）	3月	河合久先生退職
昭和3年（1928）	1月	講堂増築
昭和4年（1929）	4月	伊吹岩五郎校長退職
	4月	渡辺喜作先生第七代校長就任
昭和5年（1930）	3月	山崎九二五先生第八代校長就任
		伊吹岩五郎『山田方谷』順正高等女学校清馨会より出版
昭和6年（1931）	4月	松本晋二先生第九代校長に就任
昭和10年（1935）	9月	鳥越保太先生第十代校長に就任
昭和11年（1936）		順正五訓を定め毎朝全生徒が唱和した
昭和15年（1940）	6月	両部尊明先生第十一代校長に就任
	7月	備中松山城の修築に協力し、順正女学校の生徒・教職員500名が

		四日間に4000枚を運ぶ
	10月	23日から／創立六〇周年記念行事（3日間）
昭和16年（1941）	6月	田代常七先生第十二代校長に就任
	12月	8日／太平洋戦争始まる
昭和18年（1943）	4月	県立高梁高等女学校と改称（校名「順正」が消える）
昭和19年（1944）		学徒動員により三菱重工水島航空機製作所に勤務（3年生以上）
昭和20年（1945）	8月	15日／終戦　生徒学校へ帰る
	12月	斉藤健治先生第十三代校長に就任
昭和23年（1948）	4月	県立高梁第二高等学校と改称
	8月	木口健藏先生第十四代校長就任
昭和24年（1949）	3月	女学校最後の学生が卒業
	4月	高梁第一高等学校と合併・伊賀町校舎は高梁高校伊賀町校舎となる
		二、三学期に女学校の七〇周年記念行事が行われる
昭和25年（1950）	2月	25日／同窓会総会が開かれ伊吹先生の話があった
昭和27年（1952）	12月	10日／向町の福西宅に「順正女学校発祥の地」の記念碑建立
昭和42年（1967）	2月	18日／伊賀町校舎閉鎖式
	3月	伊賀町校舎（家庭科）を内山下校舎と統合移転

あとがき

筆者は平成9年から吉備国際大学に7年勤めたあと、平成16と17年度の2年間、順正短期大学に勤務する機会を与えられた。そこでまず気がついたことはこの短期大学は大学の場合よりも教師と学生との距離が近く互いの親近感が強いということであった。いつもキャンパスには学生の歓声が響き渡り遊びの輪が広がっている。道路に面している学長室はいつも喧噪に悩まされたが、それがまた大きな喜びでもあった。また無愛想な筆者にさえ大きな声であいさつし手を振ってくれる学生がいるので大いに戸惑ったりした。しかしこのような経験は筆者45年の教員生活のなかでも初めてのことであったので、これでようやく自分も一人前の教員になれたのかなとひそかに嬉しく思った。

このように、学生と教師との親しさは長年にわたって教師達が学生の中に分け入ってきめ細かく指導してきた努力の賜物であろう。順正短期大学40年の歩みは、優れた教育文化の伝統を形成しているのである。

本書を公刊するにあたって、高梁学園の加計美也子理事長から心のこもった「発刊に寄せて」をいただいた。高梁学園の総帥として順正短期大学の発展に努めている加計先生から紹介の文をいただけましたことはこの上ない光栄である。心から感謝の意を表したい。

また、昭和41年、高梁市は加計勉前理事長に順正女学校跡地に短期大学の創設を請願したうえ、高梁市民の要望を踏まえて、学校名に「順正」をつけてほしいと懇願した。その時の実務担当者であった元高梁市長樋口修さんにも当時の思い出話を含む『福西志計子と順正女学校』の刊行に寄せて」をいただけたことは、筆者の望外の幸せであった。これによって、順正女学校の校名と精神が順正短期大学に受け継がれていることが立証されたからである。心から感謝申し上げたい。

吉備国際大学の藤田和弘学長には大学で準備中の「備中高梁学」コースの主旨にかなうものとして、本書の刊行を心からエンカレッジしていただいたことに深く感謝している。

福西志計子および伊吹岩五郎の資料の利用について、同志社大学神学部教授の本井康博先生に指導をいただいた。お礼を申し上げたい。

高梁歴史美術館の加古一朗学芸員に、福西志計子の写真を提供していただいたことに感謝したい。

明治期のキリスト教について、関西学院大学名誉教授村川満先生と日本キリスト改革派名古屋教会牧師木下裕也先生に指導を受けた。心から感謝したい。

順正短期大学在勤中の2年間にすべての教職員に温かくサポートしていただいたので、何一つ心を悩ますことなく楽しく勤めることができた。皆さんに深く感謝したい。ことに、副学長の高橋利近先生、学科長の上田豊先生、さらに専攻主任の冨山幸子先生、塩見優子先生、池本貞子先生、また神戸女学院卒業の菅田芙沙子先生、紀要編集責任者の澤山美果子先生、就職部長の吉田健男先生、学生部長の前嶋英輝先生にはことのほか温かく支えていただいた。お礼申し上げたい。

多くの職員のなかで最も身近なところで温かく助言していただいた藤井章教務部長の厚意を決して忘れることはできない。

筆者はこの順正短大2年間に『留岡幸助と備中高梁』（吉備人出版）の出版というこの上ない喜びと妻の死去という深い悲しみを経験したが、順正短期大学の全職員から温かい悔やみをいただくという経験をした。その恩愛への深い感謝を生涯持ち続けたい。

さて、筆者は留岡幸助の研究の過程で、福西志計子に強い関心を抱くようになり、『留岡幸助と備中高梁』の第八章に「順正女学校の教育理念と福西志計子の人間像」を書いているが、「順正」短期大学に勤務を命ぜられた瞬間、これは正しく運命だと感じ、是が非でも福西女史について著書を書きたいと決心した。そのような女史への追慕の想いが高じたのか、時折、女史についてあり得ない妄想を抱くことがあった。

その一つは、晩秋の夕暮れ時、福西女史の資料を調べていた時、スーッと人が近づいて来て、背後に立ったような気配を感じたことがあった。我に返って後ろを振り返って確かめたが、そこは風も止まってただ虚空だけがあった。それは単なる気の迷いにすぎなかったが、それでもあれはきっと福西志計子さんが筆者の肩をたたきに来てくれたのだと自分に言い聞かせ、力をもらったようで嬉しかった。

二つ目の妄想は、福西女史に、もしあと10年の余命を与えられたなら、何を為したであろうかと、あり得ない夢をみることがある。福西女史が『自伝』を読んで感銘を受け一念発起したメアリー・ライオン女史は、アメリカで初めて女子のカレッジを創設した人である。福西女史はまず女子の中等教育機関を設置したが、真の夢はカレッジを創ることにあったのではと思われるから、女史にもし10年の余命を与えられたならば、必ずや専攻科や専門学校を構想したのではないかと思われてならない。

このような意味では、順正短期大学を創った加計勉前理事長は福西志計子の悲願の完成者であったと言えるのではないか。

筆者の福西志計子への追慕の思いは、また亡き妻美枝子への恋慕と二重映しになっている。君なき後の言いようのない喪失感と寂寥感にさいなまれながら、何時も君と語らいを続けながら本書を書いた。

「最初（1965―1967）にマサチューセッツ大学のあるアーモストに行った時、君はまだ28歳の若さだったね。3歳の子ども連れであったが、人見知りをしない社交的な君は親しい友人をたくさんつくり、一年八カ月ほどのキャンパスライフを十二分にエンジョイしてくれた。ことにコーソン先生、ウイルキンソン先生の親切がとても嬉しかったね」

「次の（1973―1974）のニューヨーク市立大学の研究員として、クインズ区フラッシングに暮らした1年間、二人の子ども連れでありながら多くの友人をつくり、ことに成人学級に通って本場で英語を学び、ハンター・カレッジから高等学校入学資格を取得したのはまことに敬服の至りでした」

「3度目のトロント大学研究員（1年間）の際には、君は最後の2カ月ほど、夏休み中ではあったが、家族全員でビクトリア・カレッジの学寮の1部屋に住み、カナダ最高学府の知的雰囲気を十分にエンジョイしたうえ、キース教授夫妻やレドコップ教授との交友や日系カナダ人一行との旅行など、とても楽しんでくれたね」

「最後のイングランドのシエフィールド大学6カ月のうち、君が住んだのは最後の2カ月だった。まず最初にイタリアに旅し、ローマでは念願のバチカンのサン・ピエトロ大聖堂を訪ねてカトリック信徒として喜びに涙を流し、アッシジでは聖堂の壁面に感動した。さらにフィレンツェの文化遺産に接して至福の時を持った。イングランドに帰ったあと、次いでアイルランドを訪ね、奈良にいたことのあるオペール神父に、ダブリン周辺のケルトの特異な文化遺産を案内してもらった。その後スコットランドのエジンバラ城での『タトゥー』を見物して、いたく感動したのもいい思い出となった。また、シェークスピアの生地とされるストラトフォード・アポン・エイボンの文化遺跡に陶酔し、ウォーリック城を見学してイギリスの歴史の重さに感動した。

最後に娘と三人で湖水地方を訪ね、ワーズワース、ラスキンの自然主義とシンプルライフの遺跡に大きな感銘を受けたね。君と娘は念願のピーター・ラビットの里も訪ねて宿願を果たしたと言ってくれた。帰国後君は東京のラスキン協会員となり、さらに家の庭はイングリッシュ・ガーデン、部屋の壁紙もイギリス調とイギリス好みがとみに高じたのも君らしかった」

それらはいつも貧しい旅であったが、いい思い出として残り、今の私の生きる命の火となっている。

君に捧げる本書（レクイエム）はこのような君との語らいのたまものである。

敬虔なカトリックとして誠実に生きた君は、病が篤くなってきた頃、長尾神父とシスター・ヨシミによって病床の秘跡を受けたあと、福西女史と同じように、神のみこころとして死を受け入れ従容として昇天した。君は幸せだったとつくづく思い返している。

散る桜　残る桜も散る桜（良寛）

福西先生が満面に笑みをたたえながら、生徒達に、「なに地上ではもう逢へなくとも天国にて逢う時を待ちますよ」との別れの言葉を聞いた武本かね子さんは30年後の「福西先生を偲ぶ」の中で、「(天国で先生と）再会を信ずる私共は美しい多くの御報告を以て逝き度思ふのでございます」と書いている。

筆者もまた留岡幸助の研究から福西志計子を知り、さらに順正短大に勤めることによって「人を慈しむ心」を学んだことなど、美しい話を持って亡き妻美枝子に再会したいと願うこと切なるものがある。

平成18年8月16日（2年目の命日）

宝塚市清荒神にて

倉田　和四生

著者略歴

倉田　和四生（くらた　わしお）

学歴

昭和32年 3 月　関西学院大学大学院修士
昭和40年 8 月　マサチューセッツ大学留学（2 カ年）
昭和46年 2 月　文学博士（関西学院大学）

職歴

昭和46年10月　関西学院大学社会学部教授
昭和51年 4 月　同上　学部長（6 カ年）
平成 9 年 4 月　吉備国際大学社会学部教授
平成11年 4 月　同上　学部長
平成14年 4 月　同大学　副学長
平成16年 4 月　順正短期大学学長
平成18年 4 月　吉備国際大学大学院教授

主な著書

昭和45年　『都市化の社会学』法律文化社
昭和59年　翻訳　T・パーソンズ『社会システムの構造と変化』創文社
昭和60年　『都市コミュニティ論』同上
平成 8 年　『北米都市のエスエック・コミュニティ』ミネルヴァ書房
平成 9 年　『防災福祉コミュニティ』同上
平成17年　『留岡幸助と備中高梁』（吉備人出版）

福西志計子と順正女学校
― 山田方谷・留岡幸助・伊吹岩五郎との交友 ―

2006年12月16日　初版第 1 刷　発行

著　者　倉田　和四生
発行者　山川　隆之
発　行　吉備人出版
〒700-0823 岡山市丸の内 2 丁目11-22
電話 086-235-3456　ファクス 086-234-3210
振替 01250-9-14467
e-mail:books@kibito.co.jp
http://www.kibito.co.jp/
印　刷　株式会社 三門印刷所
岡山市高屋116-7
製　本　日宝綜合製本株式会社

© KURATA Washio 2006　ISBN4-86069-143-1